地理が解き明かす地球の風景

松本穂高
MATSUMOTO HOTAKA

ベレ出版

はじめに

「なぜ地理を学ぶの？」

「**地理を学べば得をするから**」

例えば、家を建てるとします。どこに土地を買いますか？

「便利で安いところがいい」

誰もがそう望むでしょう。しかし、その場所は豪雨で浸水しやすいところかもしれません。

ここで、地理を学んだ人なら、

「便利で安いところがいいけど、安全がいちばんだ」

こういうでしょう。地理を学んだ人は、昔の地形図を見て、そこがかつて川の流路《りゅうろ》だったかどうか調べようとします。地理を学んでいなければ、地形図の読み方もあやしいでしょうし、ましてかつての川の流路がどうして危険なのかがわかりません。そう考えると、**地理は実用的な学問**といえます。

そんな実用的な地理を、ぜひこの本で学んでほしいと思います。確かに地理の教科書や、他の専門的な本もあります。しかし、この本を読むと、

〈地理のストーリーを人に話したくなる〉

これが本書の特徴です。

学校で使った教科書は、読んでいて楽しかったですか？

「事実が淡々と書いてあって、つまらないなぁ」

これは私の感想です。これも教えたい、あれも知っておくべきだと、知識を一方的に押しつけてくるようです。私はそんな「教える人目線」を、「学ぶ人目線」に変えたいと思っています。学ぶ人目線の文とは、学ぶ人が進んで読みたくなる文です。それには、**「なぜ」をさぐるストーリー**がよいと考えます。謎解きはわくわくしますし、ストーリーは人に話したくなります。そこで、**地理の基礎を身につけながら、人に話したくなる地理**を本書のコンセプトにしました。人は、誰かに話すことで、学んだことが定着するのです。

人に話せるストーリーを身につけたら、次は自分だけのストーリーをぜひ作ってほしいと思います。本書で謎解きのストーリーを体験すれば、風景の見方が変わります。**風景の中から自分だけの「なぜ」を見つけ、それを解き明かすストーリーを作る**という目で風景を見られるようになるのです。それが本書の大きな目標です。

そうはいっても、現代はいそがしい時代です。

読む時間がない

という人も多いでしょう。そのような方には、次の三つの方法を提案します。

- **赤いゴシック文字と黒いゴシック文字を追うだけ**

赤いゴシック文字は高校地理で学ぶ重要語句です。また**黒いゴシック文字**は「なぜをさぐるストーリー」の重要ポイントです。これらを追うだけでも、内容は大まかにつかめます。

- **「まとめ」を見るだけ**

各節の最後にまとめをつけました。まずこれを見て、興味を持った節だけ目を通すという読み方もよいでしょう。

- **写真をパラパラ眺めるだけ**

本書に出てくる写真は、すべて私が撮ったものです。ですので、写真には私が伝えたい地理的な意味があります。その意味を考えるだけでも、よい学びになるでしょう。

みなさんの中には、「積《つ》ん読《どく》」が得意という方もいるでしょう。私もそうです。買ったことに安心して、ほとんど読まずにただ「積んどく」のです。でも、それも意味があります。必要だと思ったときに、すぐ手に取れるのです。

この本を手に取っていただきたいターゲットは、次の方です。

まずは**社会人**。地理を学んだことがなかった人、または学んだけれどあまり印象に残っていない人に適しています。読めば得をするのですから。

次に**大学生**。高校で地理を学ばなかった人に最適です。２０２２年度から高校の学習指導要領が変わり、すべての高校生が地理を学びます。地理でどんなことを学ぶのかを知っておくことは大切です。

さらに**高校生**。学校でいま地理を学んでいる人にも合っています。ストーリー仕立てなので読みやすいはず。私自身が、わかりやすい授業にするために日々使っているストーリーなのですから。その意味では、**地理を教える立場の方**にも向いていると思います。

前置きはこのくらいにして、さあ**得する地理**を、**人に話したくなるストーリー**で、さっそく見ていきましょう！

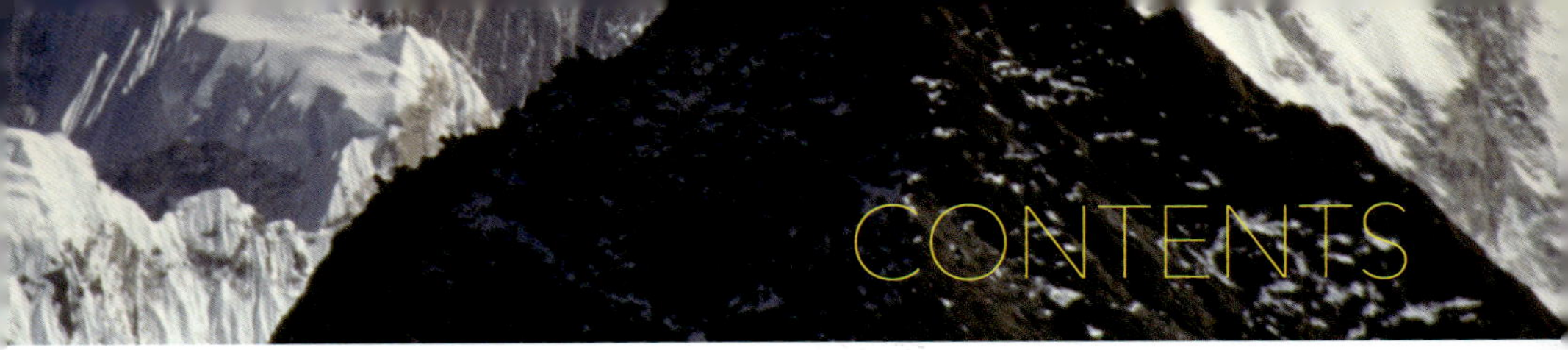

CONTENTS

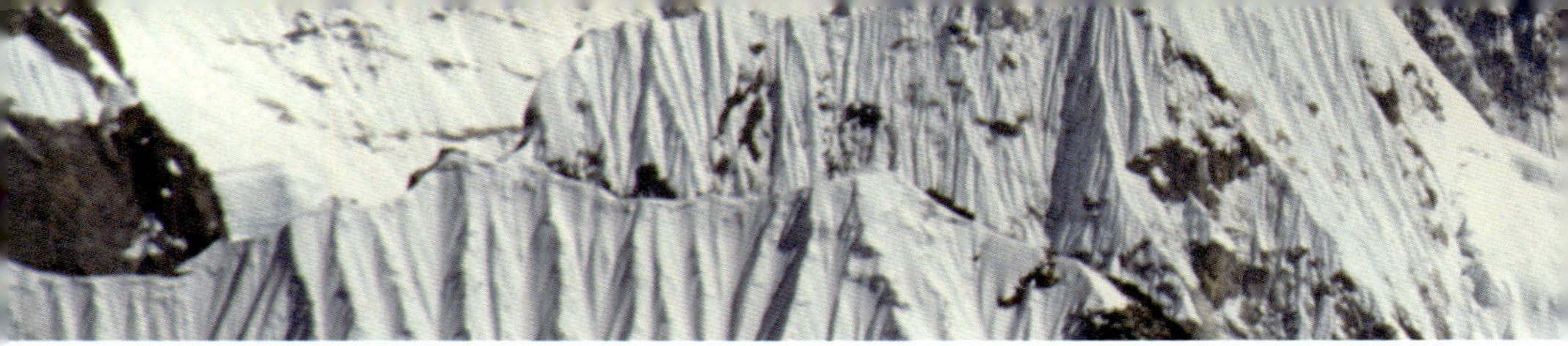

第2章 気候と生態系

CONTENTS

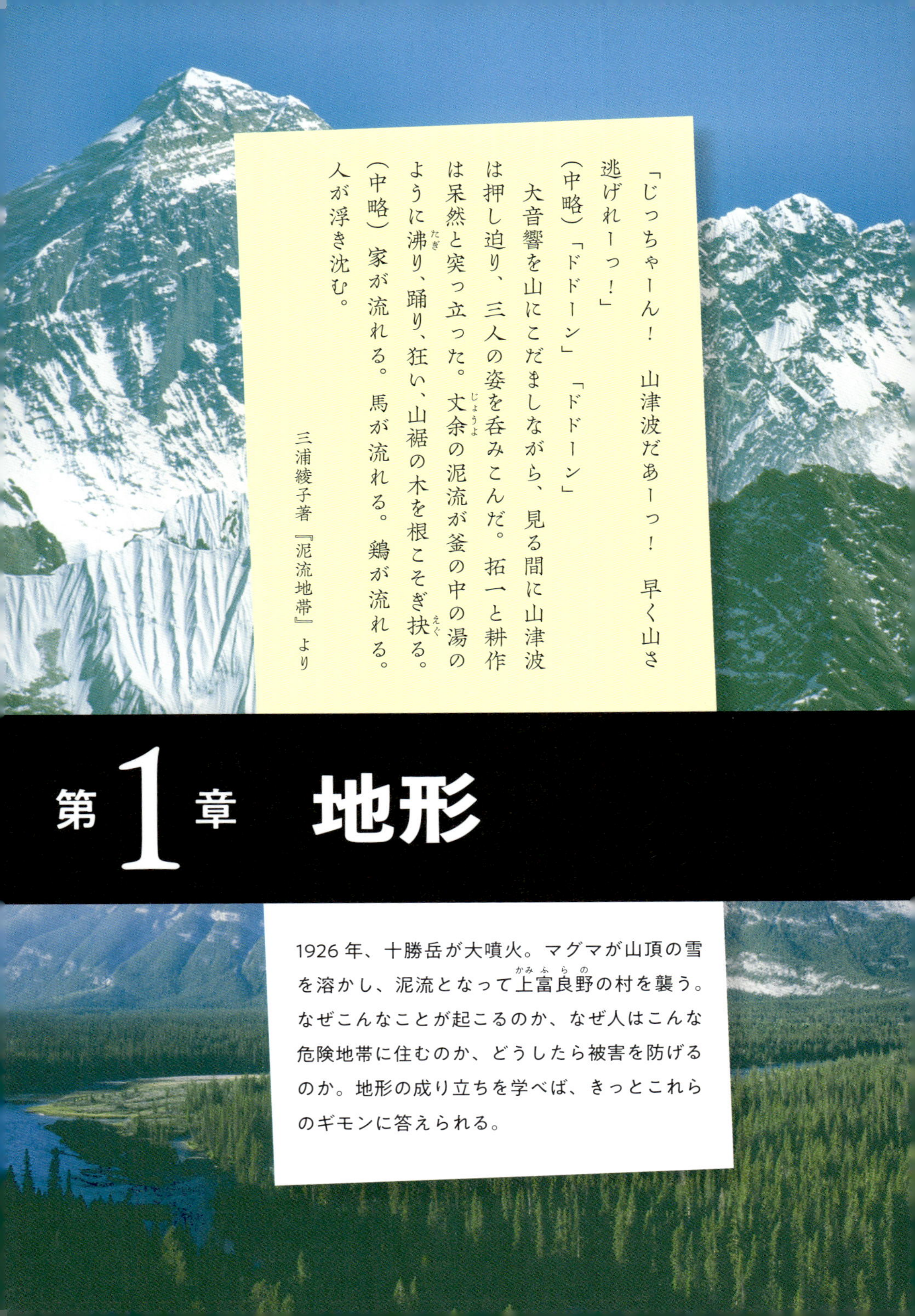

「じっちゃーん！　山津波だあーっ！　早く山さ逃げれーっ！」
（中略）「ドドーン」「ドドーン」
　大音響を山にこだましながら、見る間に山津波は押し迫り、三人の姿を呑みこんだ。拓一と耕作は呆然と突っ立った。丈余《じょうよ》の泥流が釜の中の湯のように沸《たぎ》り、踊り、狂い、山裾の木を根こそぎ抉《えぐ》る。
（中略）家が流れる。馬が流れる。鶏が流れる。人が浮き沈む。

三浦綾子著『泥流地帯』より

第1章　地形

1926年、十勝岳が大噴火。マグマが山頂の雪を溶かし、泥流となって上富良野《かみふらの》の村を襲う。なぜこんなことが起こるのか、なぜ人はこんな危険地帯に住むのか、どうしたら被害を防げるのか。地形の成り立ちを学べば、きっとこれらのギモンに答えられる。

写真 1　マッターホルン（スイス、アルプス山脈）
このとがった山はどうしてできたのでしょうか？

1

プレートテクトニクス

山はなぜできる？

山をつくる見えざる力

山はなぜできるのでしょうか。「動かざること山の如《ごと》し」と武田信玄は山を動かないものと捉えましたが、盛り上がっているからには、何かの力が働いていそうです。山は見えても見えない力。山をつくる見えざる力とは何でしょうか。

写真 2　秩父山地の山並み（甲武信ヶ岳より）
秩父山地の山々は、全体の地盤が盛り上がった後に、硬い岩石の部分が侵食から取り残されてできています。つまり内的営力と外的営力のせめぎ合いでできた山並みです。

1 山をつくる「見えざる力」とは？

地球上には、**写真1**のような天を突くとがった山もあれば、富士山のような端正な山、また**写真2**の秩父山地のようななだらかな山もあります。形はいろいろですが、どの山も地面が盛り上がってできたのは同じです。地面を盛り上げたのは何の力でしょうか。

地下から地面を盛り上げた力は、地球の内部に眠っています。いつもは眠っていますが、時折、起きて運動します。その運動のしかたには、二つのタイプがあります。一つはじわじわと地面を持ち上げるタイプで、もう一つは勢い余って地面を突き破るタイプです。ここでは、それぞれ**コツコツ型**と**ジャンプ型**とよぶことにしましょう。

コツコツ型の運動は、**地殻変動**《ちかくへんどう》といいます。地殻とは、地球の表面をリンゴの皮のように薄く覆っている岩石の

写真 3　ロッキー山脈の地層（カナダ）
地層は本来は水平にできますが、ここでは傾いています。
これは、地殻変動の力のためです。

層のことです。その**地殻**がじわじわと変形するのが地殻変動です。マッターホルンや秩父山地はコツコツ型でできた山の例です。一方ジャンプ型の運動は、**火山活動**といいます。火山とは、地下深くにできたマグマが地表に噴出してつくる地形のことです。富士山や、今も噴火する鹿児島県の桜島はジャンプ型でできた山の例です。このコツコツ型の地殻変動と、ジャンプ型の火山活動は、どちらも地球内部にエネルギーの源があるので、**内的営力**とよばれます。**地表の高まりはすべて、この内的営力でできました。**

山は確かに内的営力で地面が盛り上げられて高くなるのですが、広範囲にわたって一様に高くなれば、それは単なる**高原**です。山になるためには、ある部分だけ孤立して高くなくてはいけません。逆にいえば、その部分を残して他が低められるから、山ができるわけです。その**低めるはたらきをする力**

写真 4　世界最高峰のエベレスト山（ネパール）
左奥の山頂の直下に白い帯が見えますが、これは石灰岩の地層です。石灰岩は、海底で生物の遺体が積み重なってできた岩石なので、ここがかつて海の底だった証拠となります。長い年月をかけて、海底の地層が地殻変動で盛り上がったのです。

は、地球の外にある太陽がエネルギーの源なので、**外的営力**とよばれます。外的営力は、温度や湿度の変化によって岩石が風化してもろくなり、そのもろくなった岩石が崩れたり川の流れで運び去られたりして**侵食**される作用です。

この内的営力と外的営力のバランスで、いろいろな山ができます。内的営力の方が強ければ山はどんどん高くなり、外的営力の方が強ければ山は削られて低くなるわけです。この内的営力をもたらす力の源は何でしょうか。

2 内的営力の源泉とは？

地殻変動をもたらす力は絶大です。重い岩盤を海底深くから地上高くまで持ち上げられるわけですから、どんな重機を使ってもかないません。この力の源はずばり、地下の**熱**です。地球内部の熱の対流によって**プレート**とよば

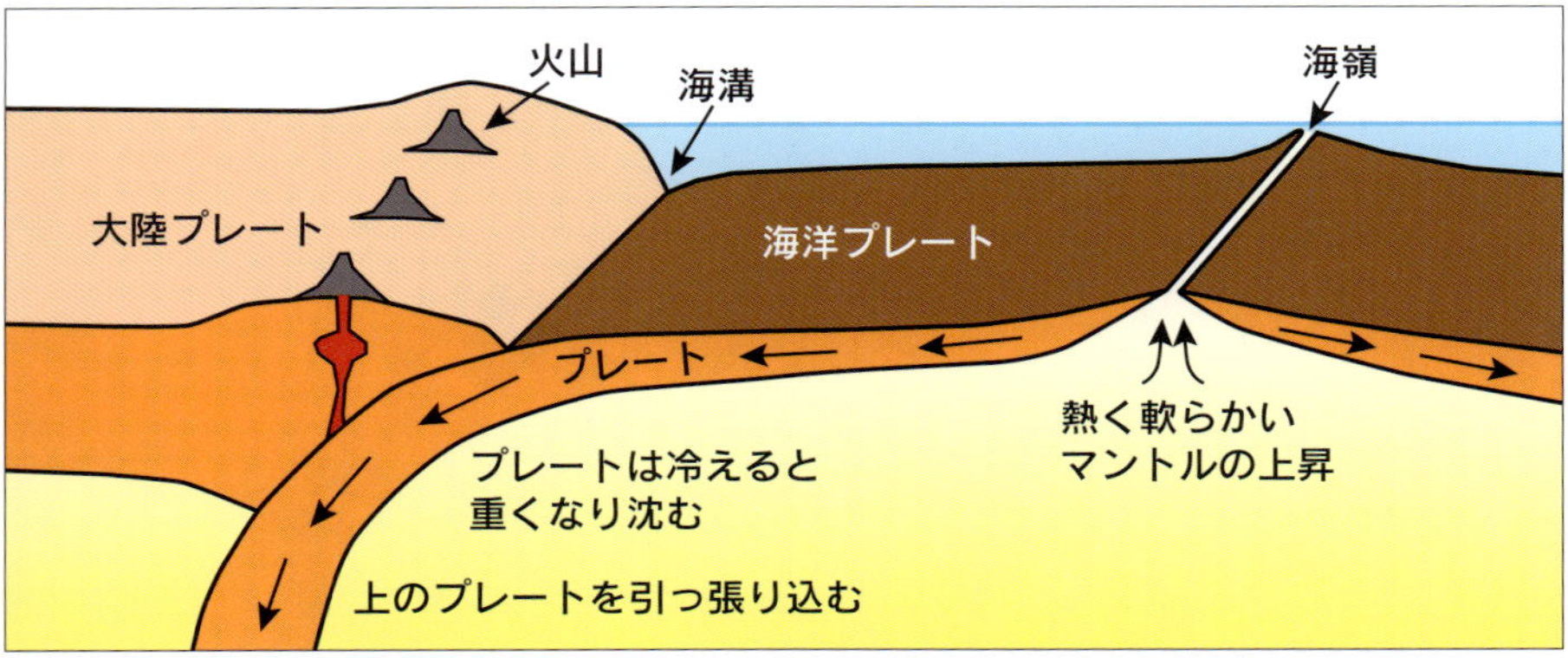

図 1　プレート運動の模式図
熱く軟らかいマントル物質が上昇し、プレートとなって両側に広がります。プレートは地表を移動する間に冷えていき、重くなります。重くなったプレートは沈み込むとともに、上のプレートを地下に引っ張り込みます。こうしてプレートは地球の表面をすべるように動きます。

れる層が動き、地殻変動が起こるのです。プレートとは、地球の表面を覆う地殻と、その下にある**マントル**の上部を含めた層のことで、硬い板のようになっています。プレートは地球上で十数枚に分かれているので、プレートが動くときに、お互いにぶつかったり離れたり、こすれ合ったりします。その時、プレート表面の地殻が変形するのです（**写真 3**）。では、熱の対流でどうしてプレートは動くのでしょうか。

　プレートは地表にあるので、冷えて硬くなっています。硬い板が、その下の熱いマントルにフタをしている構造になっています。すると、マントルの物質は出口をもとめてフタの薄い部分をめがけて上昇してきます（**図 1**）。ちょうど圧力鍋の蒸気口から蒸気が勢いよく噴出するようです。マントル物質が地表に出てくると、大気で冷やされて固まるとともに、両側に広がっていきます。ちょうど熱い味噌汁のお椀の底から味噌が湧いてきては横に広がるのに似ています。プレートは表面を動きながらさらに冷えて重くなり、しまいには地下深くに沈んでいきます。つまり、**プレートは熱で対流するマントルの上に乗ったベルトコンベア**のようなものなのです。

　このベルトコンベアの動きで地殻変動が起こるとする考え方を**プレートテクトニクス**といいます。プレートテクトニクスは、1970年代に確立された新しい考え方ですが、世界のさまざまな地形や現象をうまく説明し、証拠も次々に見つかったので、今は正しいと信じられています。この考えに基づき、世界の地形のできかたを見てみましょう。

3 プレートの運動でどのような地形ができる？

プレートが動くことで地殻変動が起こるので、プレート同士が接するところで地殻変動が最も激しくなります。プレート同士の接触には**三つのタイプ**があります。タイプ1はプレート同士がぶつかる「**狭まる境界**」、タイプ2はプレート同士が離れていく「**広がる境界**」、そしてタイプ3はプレート同士が互いにすれ違う「**ずれる境界**」です。

タイプ1の狭まる境界では、二つのプレートの重さに違いがあれば、重い方のプレートが軽い方の下に沈み込みます。このとき海底には、深い溝の**海溝**ができます。日本に沿った日本海溝はその例で、世界で最も深いマリアナ海溝もあります。また、両方のプレートの重さが同じなら、どちらも沈み込まず盛り上がっていきます。世界の屋根とよばれるヒマラヤ山脈がその例で、**写真4**に示したエベレスト山は世界で最も高い山となっています。タイプ2の広がる境界では、地下からマントル物質が出てくるところに、海底の大山脈である**海嶺**ができます。大西洋の真ん中には大西洋中央海嶺があり、それが陸地上に出た東アフリカ地溝帯は、大地の裂け目となっています。タイプ3のずれる境界は、お互いに横にずれ合う断層がつくられます。アメリカ合衆国太平洋岸のサンアンドレアス断層は、時たま動いてはサンフランシスコに大きな被害をもたらします。

日本列島はタイプ1の狭まる境界にあります。軽い**大陸プレート**の下に、重い**海洋プレート**が沈み込んでできた陸地です。沈み込む時の作用で地下の岩石が溶けて**マグマ**になり、それが噴出して火山もできました。日本にある多くの山は、このようにプレートが沈み込んでできたものです。私がマッターホルンに登ったとき、まだ若かったのでどんな絶壁も怖くありません。ただ一つ怖かったのは、いまプレートが動いたらどうしよう！ということです。岩盤ごとはがれ落ちて真っ逆さまです。**山のできるスケールでみれば、動くこと山の如し**、といえるのですね。

山はなぜできる？

高める力	尖《とが》らせたり低める力
＝	＝
内的営力	外的営力
↓	↓
地球内部の熱がエネルギー源で、プレートを動かす	地球外部の太陽がエネルギー源で、風化・侵食を起こす

このせめぎ合いで山ができる

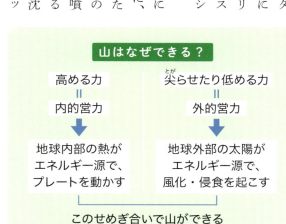

写真 1　パリ（フランス）
地平線まで続くこの広い平野はどのようにできたのでしょうか。

2

造山帯と構造平野

ヨーロッパの「大平野」のなぜ？

地球の歴史と大地形

東京や大阪など、日本の大都市はみな「平野」にあります。山がちな日本にしては大きな平野ですので、都市も発展しました。ところが世界には、日本よりずっと大きな平野があります。日本の平野とはなにが違うのでしょうか。

写真 2　石切場の砂岩（スウェーデン、ダーラナ地方）
ヴォーキシアという化石が入っていることから、先カンブリア時代のものとわかります。石材として重宝されるほど硬く緻密なのは、古い時代に堆積し、長い年月の間、圧縮されてできたためです。

1 世界の大平野はどこにある？

ヨーロッパは平原の大陸です。標高200m以下の土地が53%と、半分以上を占めます。世界平均では25%ですから、その低さは際立っています。**写真1**に示したパリに行き、有名な凱旋《がいせん》門《もん》に登ってみると、地平線まで続く平らな風景に驚きます。大都市なのに高層ビルがないことにも日本との違いを感じますが、これは都心部の歴史的な景観を大切にしているためで、その都市計画の徹底ぶりにも驚かされます。

大平野が広がるのは、パリだけではありません。ヨーロッパの北部からロシアにかけても広大な平原が続いています。カナダからアメリカ合衆国にかけての北アメリカ大陸も、東半分は大平原です。アラビア半島やオーストラリアも一部に山脈はありますが、ほとんどは平原です。

写真 3　石油の積み出し基地（アラブ首長国連邦）
採掘した石油が、ここから日本など世界各地に運ばれています。

　この大平原の一角にあるスウェーデンに行ってみました。そこには地面を削り取って石材を生産する石切場が多くあり、そこで**写真 2**のような石を触ってみたところ、石がとても硬いことに驚きました。石が硬いのは当たり前と思うかもしれませんが、日本の山などで見る、ボロボロと崩れることが多い石とは対照的です。そこの作業員は、硬くて建材に適する良質な石だし、落盤事故などなく安全だと話していました。

　このような**硬い石が大平原の地質の基礎**となっています。岩石が硬いということは、その岩石が作られてから長い年月がたっているということです。つまり古い時代に形成された地層なのです。そもそも岩石は、海底で土砂が堆積して、それが荷重で押しつぶされてできたものがほとんどです。ですから、**古い時代に形成された地層ほど硬い**わけです。では、どれくらい古い時

写真 4　スウェーデンの鉄鉱山（キルナ鉱山）
山が断ち切られているのは、山を削って鉄鉱石を掘っているためです。線路は、掘り出した鉄鉱石をボスニア湾のルレオとノルウェーのナルビクまで運び出すためのもので、右の写真のように、長さ 1000 m もの貨物列車が 1 日に 10 本も往復しています。ルレオ港は冬に凍ってしまうため、冬はナルビク港だけを使います。

代に形成されたものなのでしょうか。

2 大平原をつくる地層はいつできた?

大平原をつくる地層は、いつできたのでしょうか。**写真 2**をもう一度見てください。化石の入っていた跡が見えます。隣のハンマーと比べてみると、その長さは80cmを超える大きなものとわかります。この化石はヴォーキシアという海中生物で、このヴォーキシアが生きていた**先カンブリア時代**に、地層が海底でできたことを示します。先カンブリア時代とは、地球誕生の時から5億4千万年前まで続いた、最も古い地質年代です。この古い時代にできた地層が、スウェーデンの平野に広がっているのです。カナダやオーストラリアに広がっている大平野も、先カンブリア時代の地層でできています。

これらの古い時代にできた地質からなる地域は、**安定陸塊**とよばれます。

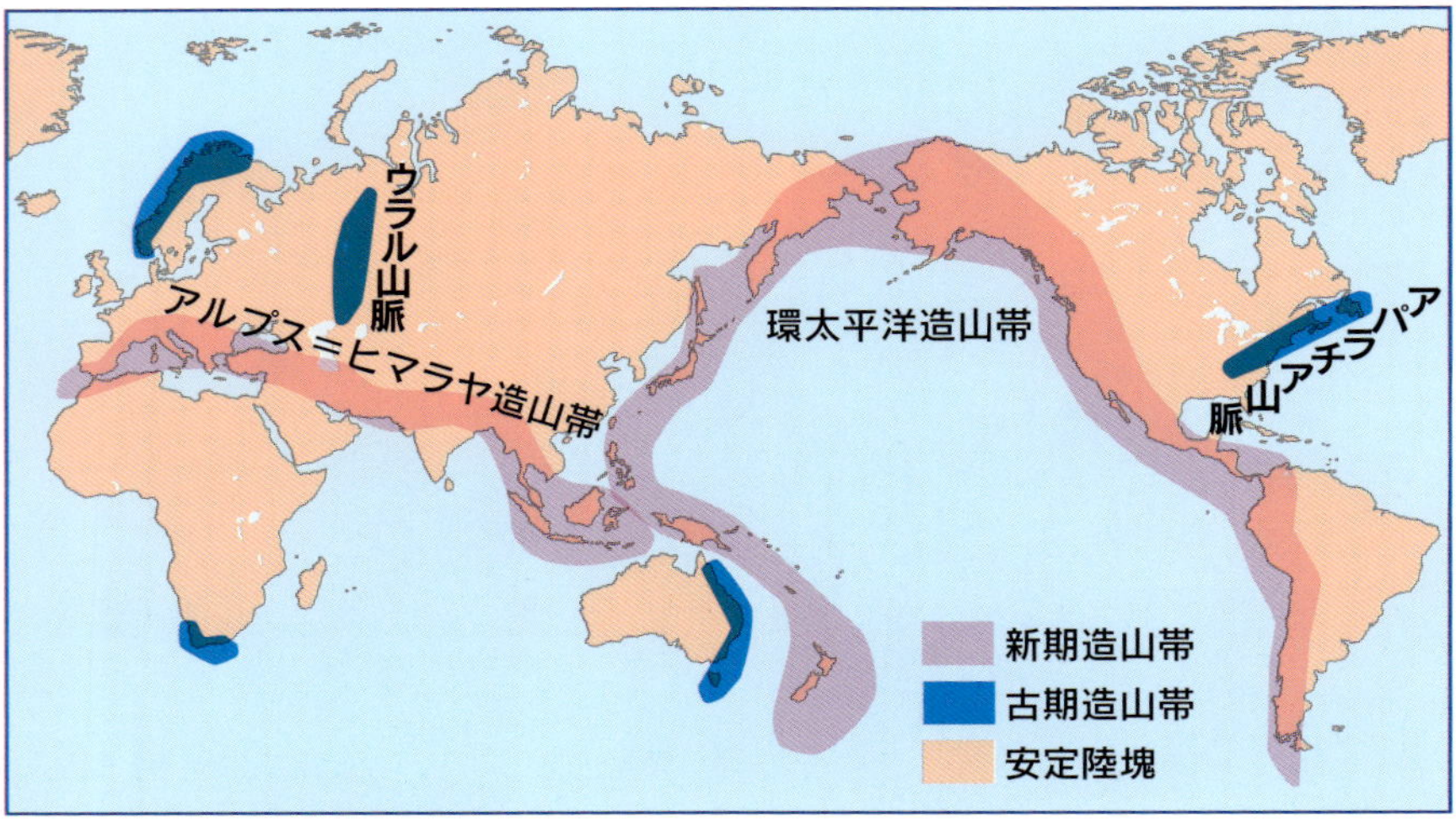

図 1　世界の造山帯・安定陸塊の略図
新期造山帯は環太平洋造山帯とアルプス＝ヒマラヤ造山帯からなります。

先カンブリア時代のあと、ずっと地殻変動が活発でなく、地震や火山活動がほとんどないため、安定しているのです。安定陸塊のうちでも、先カンブリア時代の地層がそのまま露出している平坦地を**楯状地**《たてじょうち》とよびます。また、いったん海面下に沈んで土砂が堆積し、それがゆっくり盛り上がって陸地になっている平坦地を**卓状地**《たくじょうち》とよびます。楯状地も卓状地も、水平にたまった地層の構造が地表にそのまま現れていることが多いので、地形的には**構造平野**とよびます。

　構造平野の中でも、パリのように地質構造がわずかに湾曲して盆地状になっていることがあります。硬軟が互い違いの地層がゆるやかに傾斜していると、侵食が不均等に進むため、傾斜が非対称な地形断面を持つ地形ができ、これを**ケスタ**とよびます。ケスタの崖の部分は、**外敵からパリを守る自然の砦**の役割を果たしました。

　では安定陸塊ではない地域は、どのようになっているのでしょうか。

3 安定陸塊でない地域はどうなっている？

　安定陸塊ではない地域は、二つに分けられます。一つ目は、**古生代**という時代に地殻変動がさかんで、今は静かになっている地域です。この地域を**古期造山帯**といいます。アパラチア造山帯やウラル造山帯がその例です。古期造山帯では、侵食が進んで低くなだらかとなった山地を形成していることが多くなっています。古生代には植物が誕生し、その遺骸が海底に大量にたまって石炭となったので、古期造山帯の地域には**炭田**が多いという特徴があります。

二つ目は、恐竜がいた**中生代**や、現在も続く**新生代**という新しい時代に地殻変動がさかんになった地域です。この地域を**新期造山帯**といいます。日本を含め、いずれも地震や火山活動が活発という共通点があります。地震や火山活動が活発なのは、プレートの境界付近に位置するためです。ユーラシア大陸を東西に貫く**アルプス＝ヒマラヤ造山帯**と、太平洋を取り巻く**環太平洋造山帯**があります。現在も地殻変動が起こっているため、ヒマラヤ山脈やロッキー山脈など、標高の高い山脈を形成していることが多くなっています。地下でできた原油や鉱産資源が地上付近まで上がってきている場所もあり、**写真3**のように**油田**が多いという特徴があります。

新期造山帯にあるような標高の高い山脈は、盛り上がろうとする力がなくなると、しだいに低くなっていきます。これは外的営力によって侵食されていくためです。つまり、古期造山帯はかつての大山脈の大半が侵食されて**削り残された部分**といえます。安定陸塊は、さらに長い年月の侵食で**削りつくされてできた大平原**なのです。安定陸塊ができた先カンブリア時代には、海中に光合成をする生物が誕生して酸素が生まれ、海水中の鉄分が酸化鉄となって海底に大量にたまったため、現在の安定陸塊の地域には**鉄鉱山**が多いという特徴があります。スウェーデンにも**写真4**のように鉄鉱山があり、19世紀から100年以上も掘り続けています。平野のできかたを知ると、資源の探索にも役立つのですね。

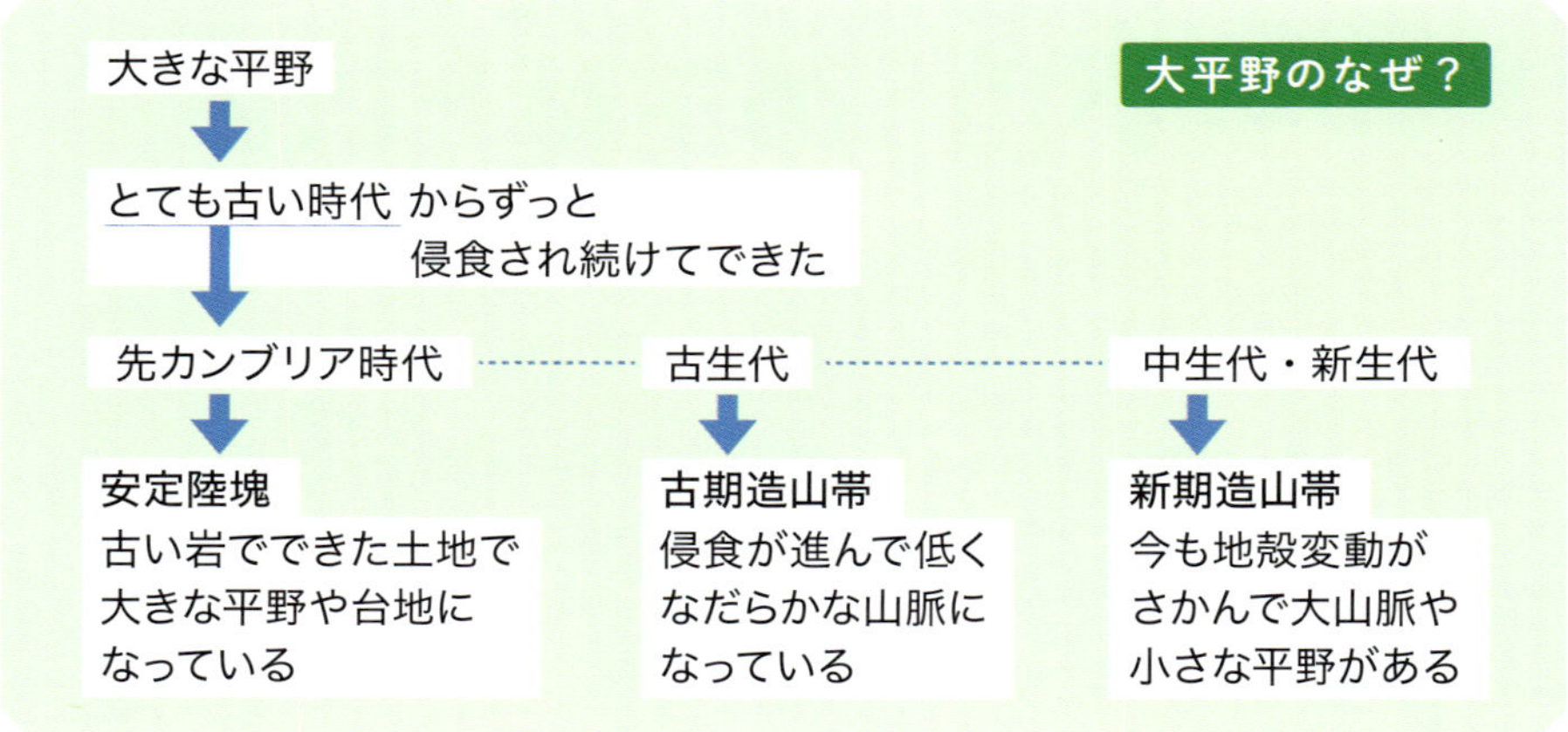
大平野のなぜ？
大きな平野
とても古い時代からずっと侵食され続けてできた
先カンブリア時代
古生代
中生代・新生代
安定陸塊
古い岩でできた土地で大きな平野や台地になっている
古期造山帯
侵食が進んで低くなだらかな山脈になっている
新期造山帯
今も地殻変動がさかんで大山脈や小さな平野がある

写真 1　那須岳（栃木県）
このような穏やかで丸い山はどうしてできるのでしょうか。

3

火山地形

車窓から見える「丸い山」の正体とは?

火山の成り立ちと災害・恵み

東北新幹線で東京から北へ向かうと、左側の車窓に次々と山が現れます。那須岳（写真 1）、安達太良山などと続き、最後は八甲田山です。これらはどれも丸い形をしています。なぜ丸い山が多いのでしょうか。

写真 2　中禅寺湖（栃木県）
日光男体山の噴火で流れ出た溶岩が川をせき止めて湖ができました。湖からの流出口には、落差 97m で日本三名瀑にも数えられる華厳滝があります。

1 火山はなぜできる？

丸い山には温かさを感じます。登るのもやさしそうですし、見ているだけでも心が落ち着きます。丸い山の多くは**火山**です。山には地殻変動でできたものと火山活動でできたものの２種類がありますが、地殻変動で盛り上がってできた山はゴツゴツした山が多いのに対し、火山は丸い形の山が多い傾向があります。これは、地下の**マグマ**が地表まで上昇してできたからです。マグマとは岩石が高温で溶けたもので、その温度は１０００℃以上に達するものもあります。温度が高くなると周囲より密度が小さくなるので軽くなり、岩盤の中を上昇します。その上昇が地表まで達して**マグマが地表に吹き出すと、火山の噴火**です。この動きを**火山活動**といいます。

火山活動でできる地形にはどんな種

写真 3　火砕流の跡（長崎県の雲仙普賢岳）
1991 年 6 月に大規模な火砕流が発生し、43 名の犠牲者が出ました。写真は 3 年後の 1994 年に撮影したもので、火砕流の後に発生した土石流で家屋が埋まったままになっているのが見えます。

類があるでしょうか。もちろん、マグマが噴出してできた火山が代表的ですが、その他にもさまざまな地形ができます。大規模な窪地の**カルデラ**は、地下にたまっていたマグマが噴火によって地上に出てしまうことで地下に空洞ができ、その空洞の上の地面が陥没してできるものです。九州の阿蘇カルデラは、世界的にも大規模なものとして有名です。また溶岩でできた広大な台地の**溶岩台地**は、流れ出した大量の溶岩が広範囲にたまったものです。マグマと溶岩の違いは、地下にあるか地上にあるかの違いで、地下で岩石が溶けてたまっているものをマグマとよび、それが地表に出てきたものを**溶岩**とよびます。溶岩台地は、粘りけがなく水のようにさらさらと流れる溶岩が出てきた場合にできます。インドのデカン高原がその例です。溶岩が川を堰き止めると、**火山堰止《せきとめ》湖**とよばれる湖をつくることもあり、**写真 2** の中禅寺湖がそのよい例です。このように、**火山活動でできる地形には、山だけでなく窪地や台地もある**のです。

このような火山でできた地形が、**図 1** を見て明らかなように、東北新幹線の西側に列状に並んでいます。東側には一つもありません。これはなぜでしょうか。

2　火山はなぜ列状に分布する？

火山が、あるラインよりも西側だけに列状に分布する現象は、北海道や九

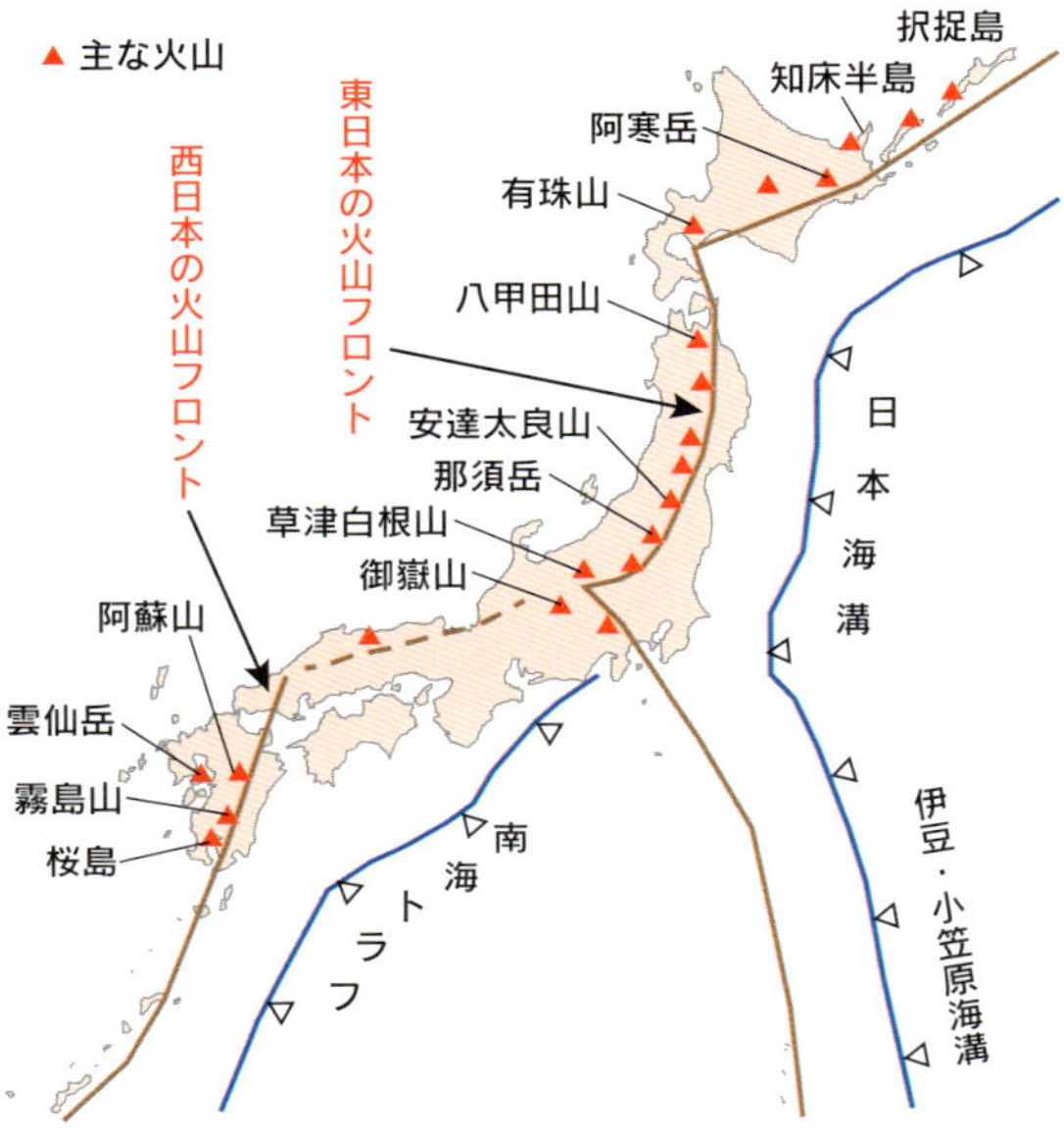

図 1　火山と火山フロントの位置
主な火山は、火山フロントより西側に分布しています。

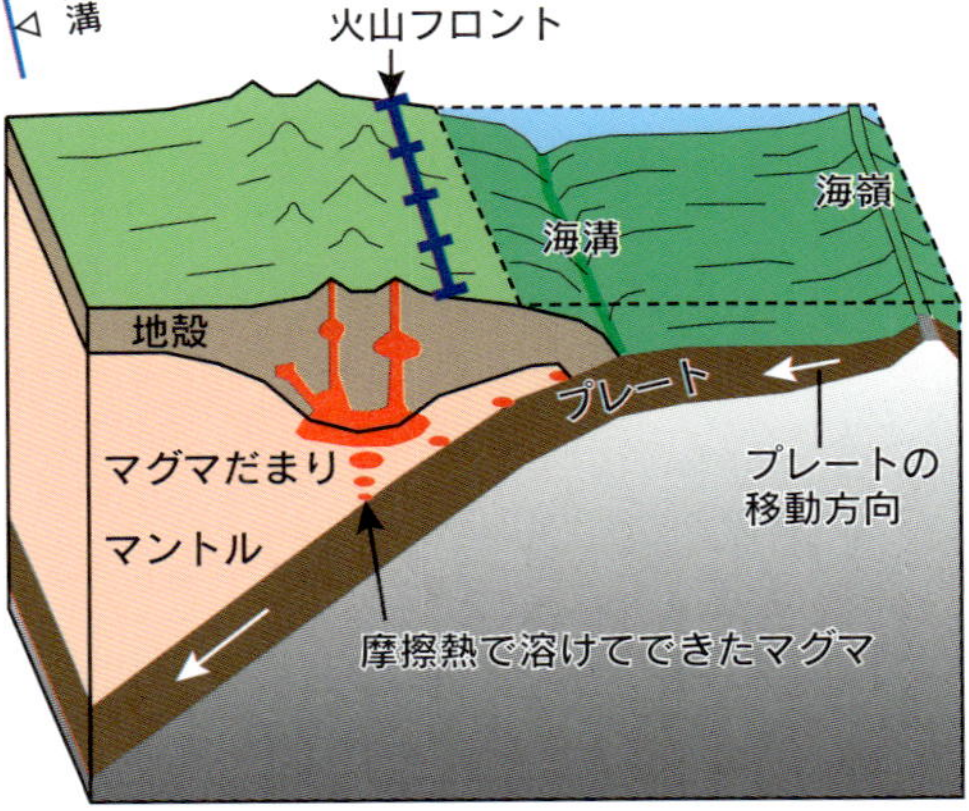

図 2　プレートの沈み込みのようす
プレートが沈み込む時に摩擦熱が発生し、マグマができます。それが上昇して火山をつくります。マグマの発生には摩擦熱の他にも、海洋プレートに含まれていた水分が圧力で脱水され、地中に水分が供給される要因もあります。

州でも見られます。これらの地域での共通点は、そのラインの東側およそ100kmのところに海溝があることです。海溝があるということは、そこでプレートが沈み込んでいることを示しています。プレートの沈み込みは、東側から移動してきた海のプレートと、日本列島をつくる陸のプレートとの境界に見られ、そこに海溝ができるのです。

　プレートが沈み込んだ先の約100kmのところに、なぜ火山を区切るラインができるのでしょうか。図2を見てください。海洋プレートが地下深くに沈み込んでいくときに摩擦熱が発生し、その摩擦熱がある深さまでいくと地下の岩を溶かすほどになり、マグマとなります。そのマグマが上昇するため、あるラインより先にしか火山ができないのです。**このラインが、東北新幹線の通り道にほぼ沿って延びている**ので、その東側には火山がないのです。

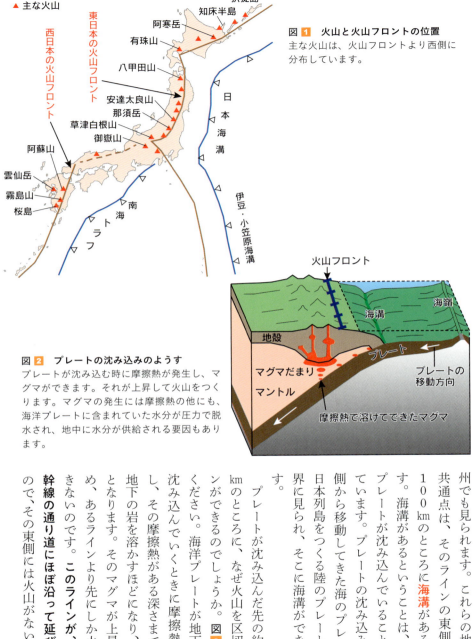

写真 4　地熱発電所（大分県の八丁原発電所）
日本で最大の地熱発電所です。天候に左右されない安定した電力を供給しています。

このラインを**火山フロント**とよびます。火山フロントより西側に分布する火山は、北海道では択捉島・知床半島から阿寒岳、有珠山などの火山列、九州では阿蘇山、霧島山、桜島などの火山列となっています。今も噴火を繰り返すあぶない山も多くあります。

確かにあぶない山も多いのですが、そこには人の生活もあります。危険な火山の近くに、なぜ人は住むのでしょうか。

3 人はなぜ火山のそばに住む？

火山は、噴火に伴って周囲に被害をもたらします。**火山灰**が空中に巻き上げられると、風下側に降り積もって街や農地を覆い、生活や農業に影響が出ます。２０１０年にアイスランドで起こった噴火では、火山灰が偏西風で広がり、ヨーロッパ各地の空港が閉鎖される事態になりました。さらに巨大な噴火が起こると、火山灰が何ヵ月も大気中にとどまって日射をさえぎり、地球規模で気温を下げることもあります。火山灰や溶岩の塊が高温のガスと混ざり合うと、山肌を高速で流下する**火砕流**《かさいりゅう》が起こります。写真 3 に示した長崎県の雲仙岳では、大規模な火砕流が時速１００kmを超えるスピードで山を流れ下りて43名もの人が犠牲になりました。２０１４年の長野県御嶽山の噴火や、２０１８年の草津白根山の噴火でも、巻き上げられた噴石が直撃して犠牲者が出ています。

このような被害をもたらす火山の近くにも人が住んでいます。八ヶ岳の麓では、高原野菜の栽培がさかんです。これは、**積もった火山灰が肥沃な土壌のもと**になっているためです。また火山の多い大分県には、別府や湯布院など有名な温泉があります。これは、火山の地下にあるマグマによって**地下水が熱せられて、温泉となっている**ため

写真 5　草津白根山のスキー場（群馬県）
火山はなだらかな斜面が多いので、スキー場に適しています。
草津白根山は2018年1月に噴火し、スキー客に犠牲が出ました。

東北新幹線の車窓に
なぜ丸い山が多い？

丸い山は「火山」

↓

海溝から100km西側に
火山の分布限界ラインがある

↓

このライン＝火山フロントを
東北新幹線は走る

です。この熱は、**写真4**のように地熱発電にも用いられています。さらに、火山の斜面は起伏が小さいので、**写真5**のようにスキー場にも向いています。このように火山は多くの恵みを私たちに与えてくれるのです。そんな自然の脅威と恩恵も感じられる、東北新幹線の車窓です。

写真 1　1995 年の阪神・淡路大震災による被害
都市の直下で起こった地震で 6000 人以上が犠牲になりました。このような大きな被害をもたらす地震は、なぜ起こるのでしょうか。

4
地震

日本ばかりなぜ揺れる?

地震のメカニズムと防災

日本は地震大国です。生まれてから一度も地震を体験したことがない人はいませんよね。そんな国はめずらしいです。日本ばかりなぜ、こんなに地震が多いのでしょうか。

写真 2　津波で破壊された建物（宮城県女川町の七十七銀行女川支店）
従業員が屋上に避難したものの、津波はそれを超える高さで押し寄せ、12名が犠牲となりました。

1　日本で地震が多いのはなぜ？

地震は、世界中のどこでも起こるわけではありません。私の勤務校にいたニューヨーク州出身の英語助手の先生は、地震があるたびにひどく驚いて、顔をこわばらせていました。日本人の先生たちは「お、また地震だ」というくらいで気にも留めません。ニューヨーク州があるアメリカの東部では、ほとんど地震が起こらないのですから、驚くのも当然です。

世界で地震が多いのはどのような地域でしょうか。**図 1**（P.34）を見てください。まず目に付くのは、太平洋をぐるりと取り囲む黒点です。日本列島などは埋め尽くされて、形がわからないほどになっています。次に目につくのは、ヨーロッパからインドの北部を通ってインドネシアにかけての帯状のラインです。あとは大西洋の真ん中や

写真 3　福島第一原発事故の被災地（福島県大熊町）
帰還困難区域では、住民は自宅に帰ることができません。住宅の前にはフェンスが設置されて入れないようになっています。

インド洋の真ん中あたりにも線状にあります。

　これらの地域の共通点は何でしょうか。最も目立つ太平洋を取り囲む**環太平洋造山帯**の地域は、プレート同士がぶつかる**狭《せば》まる境界**や、こすれ合う**ずれる境界**に当たります。ここでは、世界全体の地震エネルギーの実に76%が発散されています。次に目立つヨーロッパからインドネシアにかけての帯状の**アルプス＝ヒマラヤ造山帯**の地域も、主にプレートの狭まる境界に当たります。この地域では、世界の地震エネルギーの22%が発散されています。その一方で、大西洋やインド洋の真ん中にある線状の**海嶺**は、プレート同士が離れていく**広がる境界**に当たります。ここでは地震エネルギーは2%とごくわずかですが、線状にずっと延びているので目立ちます。このように**地震が多く発生するのは、いずれもプレート同士が接するところ**という共通

写真 4　キナバル山のロバの耳（マレーシア、カリマンタン島）
2015 年の地震で 1 本が崩れ落ち、登山者が犠牲になりました。写真は 2005 年で、崩れ落ちる前です。

点があります。
　プレートの境界では、なぜ地震が多いのでしょうか。プレートとは地球の表面を覆う硬い板ですから、硬い板がぶつかったり分かれていったり、こすれたりするところで地面が動くわけです。プレートは爪が伸びるくらいのスピードで動いていますが、プレートの接点でスムーズに滑ってくれれば地震など起こりません。地下の高い圧力によってプレート同士が接着剤で貼り合わせたように固着してしまい、それでも動こうとする力に耐えきれなくなってはがれるときに地震が起こるのです。この動こうとする力のことを地震学では**ストレス**とよびます。**地面がストレスに耐えきれなくなって爆発するのが地震**だと考えるといいですね。

2 地震の被害はどこで大きい？

地面のストレス発散の場は、**活断層**

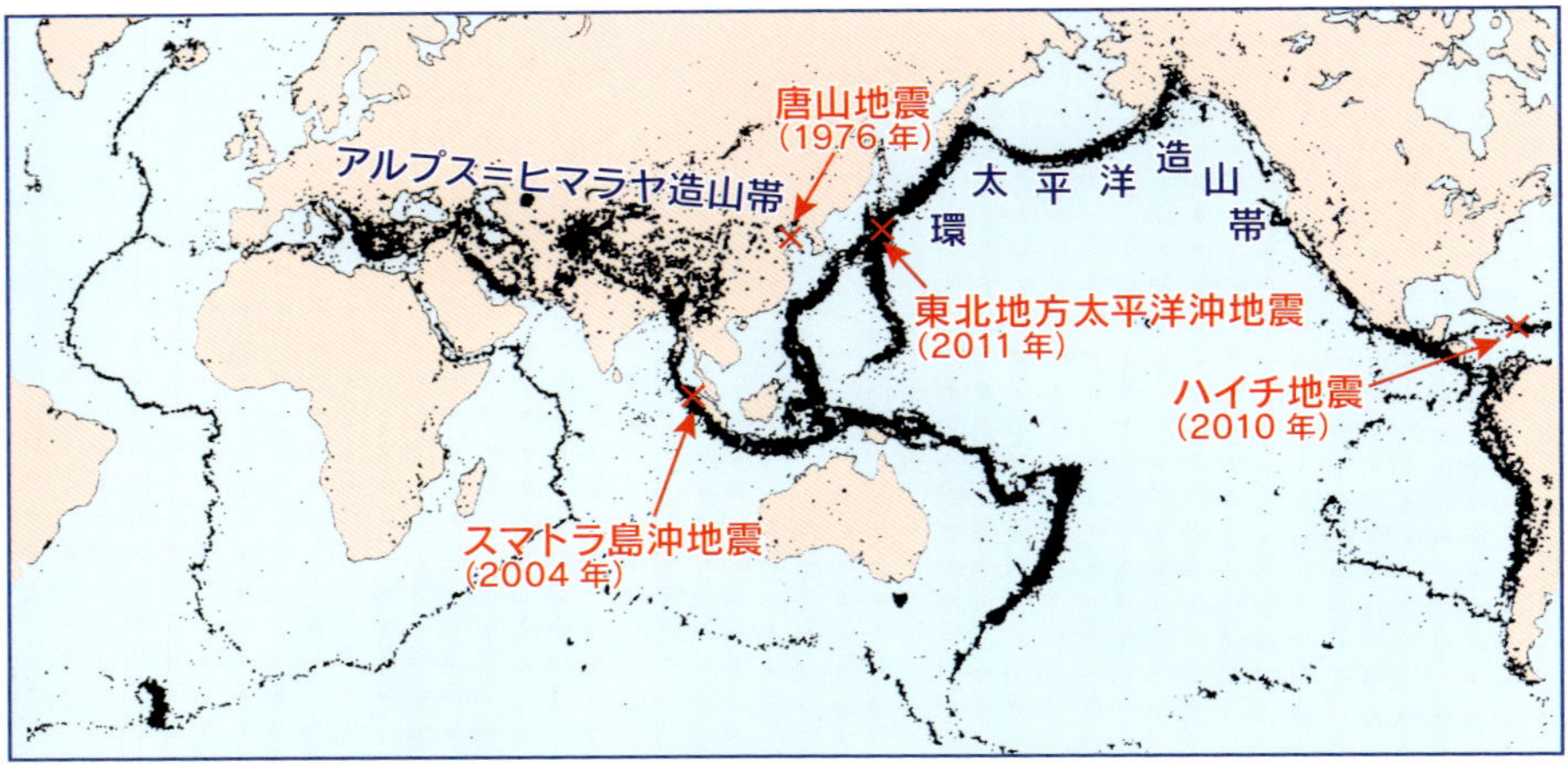

図1　世界の地震分布（「理科年表」を参考に作成）
黒い点がマグニチュード４以上の地震の発生地点を表しています。地震が帯状の地域で発生していることが分かります。

です。活断層とは、今も繰り返し動いている断層のことで、この活断層に沿って地面が動くときに地震が発生します。２０１０年にハイチで起こった地震では、犠牲者が31万人を超え、そのほとんどは建物の倒壊による圧死でした。また２００４年にはインドネシアのスマトラ島沖で海底の活断層が動き、地震後に起こった**津波**によって28万人余りが犠牲になりました。被害はインド洋一帯に広がり、遠くアフリカでも死者が出ました。インド洋には**津波警報システム**が整備されていなかったのです。津波による被害といえば、２０１１年に東北地方で起こった地震による東日本大震災が記憶に新しいところです（**写真2**）。これらの地震は、いずれもプレートの狭まる境界の海溝で発生した地震です。このような地震を**海溝型地震**といいます。

ところがプレートの境界から離れたところでも、大きな被害をもたらす地震が起こることがあります。20世紀で最大の犠牲者を出したのは、１９７６年に中国河北《かほく》省で起こった唐山《とうざん》地震で、死者は24万人にのぼりました。ほぼ同じ規模の被害が出た地震もやはり中国で、１９２０年に寧夏回族《ねいかかいぞく》自治区で起こりました。中国はプレートの境界から離れています。このような内陸で活断層が動く場合を**内陸型地震**といいます。内陸型地震が都市の直下で起こると、被害がとても大きくなるのです。中国はプレートの境界から離れていて、大きな地震は多くありません。なので地震への備えがあまりなされていなかったのです。家屋は地震の揺れに弱く、倒壊して多くの人が下敷きになりました。1923年の関東大震災でも、14万人という犠牲者が出たのは、まだ地震への備えが認識されていなかったためです。つまり地震による被害の大きさは、単に地震の規模だけでなく、**地震への備えの具合にもよる**のです。

3 被害を防ぐにはどうしたらいい?

地震に伴って起こる災害には何があるでしょうか。まずは建物の倒壊です。これは耐震構造や免震構造など、日本では技術が進んでいます。次に津波があります。防潮堤を築くなどの施設対策だけでなく、避難場所を決めておくなど一人ひとりの心の準備も大切です。他にも**液状化現象**があります。液状化現象とは、地面が揺さぶられることで水が出てきてぐちゃぐちゃになり、建物が傾いたり道路が壊れたりする現象です。かつて川が流れていた跡や埋め立て地など、**もともと水が多かったところは液状化しやすい**ので、建物の基礎を深くしたり水を抜いたりするなどの対策が必要です。2011年の東北地方太平洋沖地震では、原子力発電所の被災による放射能漏れという、かつてなかった災害も発生しました。多くの人が故郷を追われ、帰還困難区域では**写真3**のように、今も家屋だけが取り残されています。想定外の巨大津波が襲うことを想定した施設対策が欠かせません。

このような対策も確かに必要ですが、私が最も大切だと思うことは、**いま自分がどんなところにいるのかをきちんと知る**ことです。地下にある硬い岩盤までの土の層が厚い所ほど、地震の揺れは大きくなり、建物は倒壊しやすくなります。山のそばでは、揺れで**山崩れ**が発生することもあります（**写真4**）。海岸部では津波、埋め立て地では液状化の可能性があります。

確かに地震は怖いものです。しかしその危険性をきちんと知っていれば、正しく対処できます。日本ばかり地震が多くてついてないと嘆くばかりでなく、**正しく怖《おそ》れる**ことが大切なのですね。

日本で地震が多いのはなぜ？

プレートの狭まる境界にあたるから

↓

活断層が海底で動く海溝型地震で
津波の被害も大きい

↓

正しく怖れれば被害を
減らすことができる

写真 1　山梨県市川三郷町の印川《いんがわ》
川底が家の屋根の高さにあるのはなぜでしょうか。

5
河川地形

なぜ天井に川!?

川と人のつき合い方

見上げると川が流れているところがあります（写真 1）。道路や線路が川の下をくぐり、川が天井の高さにあるのです。なぜ天井を川が流れているのでしょうか。

写真 2　豪雨のときの川（オーストラリア）
水が川幅からあふれています。こんな洪水のときに地形がつくられます。

1 川のはたらきとは?

川は好きですか? 好きも嫌いも関心なんてない、という人も多いことでしょう。関心がなくても、私たちの生活は川のお世話になっています。どのようにお世話になっているのかといえば、私たちが住んでいる地面を作ったのが川なのです。日本では9割以上の人が**平野**に住んでいます。この平野は川が作ったものです。

川はどのようなはたらきをしているのでしょうか。川は、雨を集めて山から平野へ流れ、最後は海へ達します。その間に、上流では山を削《けず》り、削り取った土砂を下流へ運んで低地や海岸にためます。削る作用を**侵食**、運ぶ作用を**運搬**、ためる作用を**堆積**といい、これらを合わせて**河川の三作用**とよびます。この河川の三作用は、日本のように雨が多くて山が険しい地域で特に

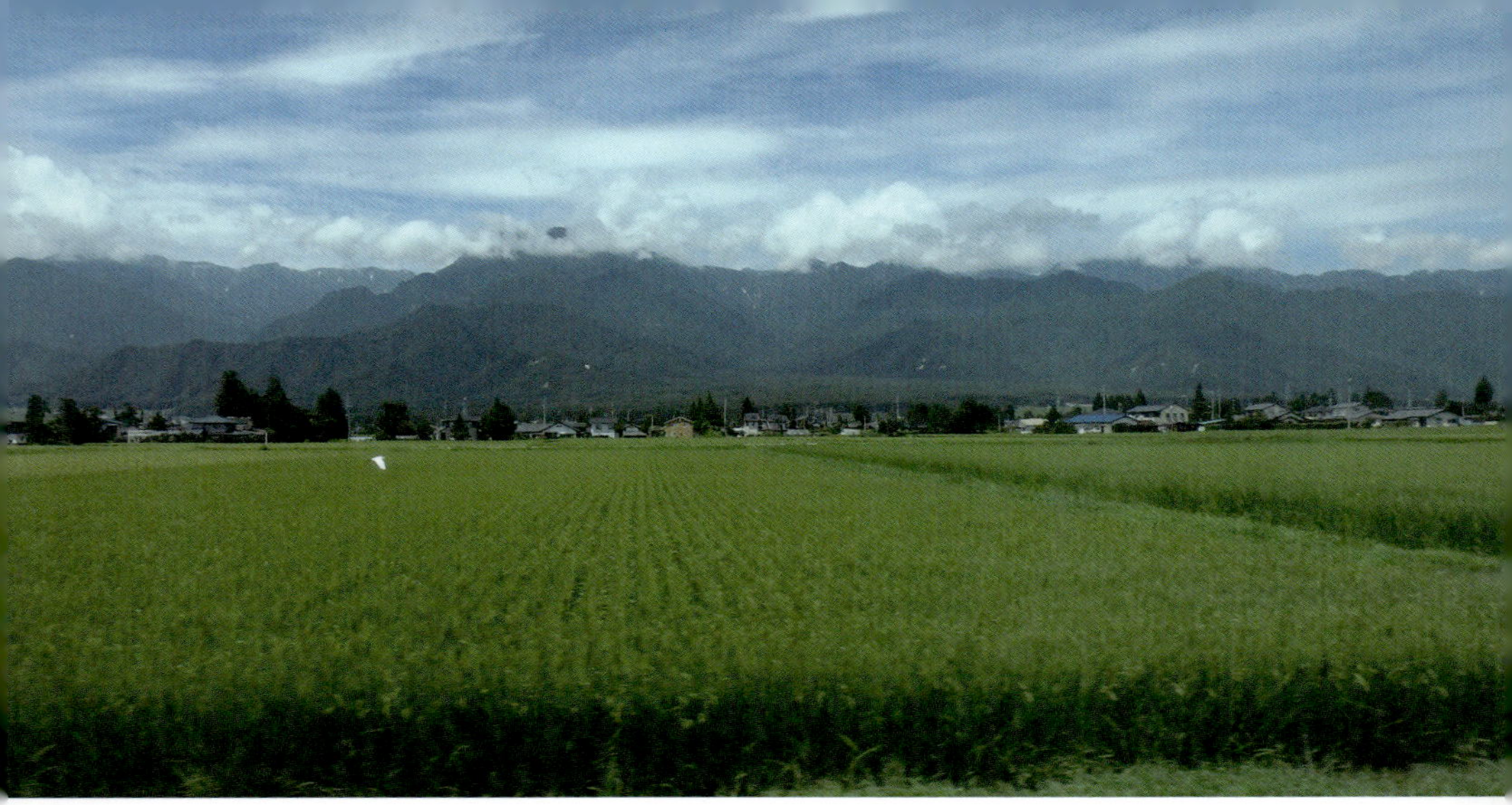

写真 3　扇状地のようす（長野県松川村）
扇状地の中央部は樹林に覆われています。これは、扇央部で水が得にくく利用しにくいためです。扇状地の末端部には集落が帯状に連なっています。これは、この扇端部で地下水が湧いてくるためです。

大きく働くので、日本では川がさまざまな地形をつくるのです。その中に、**天井を流れる川**もできました。

2 川はどんな地形をつくる?

近くの川を覗いてみましょう。川の水は透明でさらさら流れていますね。夏は水遊びをしたくなります。しかし、雨が降ったときに近づくのは危険です。水は濁り、水かさも増してゴーゴーと流れ、まるで別人格のようです（**写真 2**）。こんな**洪水のときに新しい地形はつくられます**。

大雨が降ったとき、山では**土砂崩れ**が起こることがあります。水が地中に染み込んで土に浮力がはたらき、地面が滑りやすくなるからです。こうして川は側面や底面を削り取りながら、山を深く刻んでいきます。深く刻まれた谷を横断するように見るとV字型をしているので、これを**V字谷**とよびます。

V字谷を抜けた谷は、平地に出てきます。平地では川幅が広くなるので、流れる速さが遅くなります。すると土砂を運ぶ力が減少し、運んできた土砂を堆積させるようになります。ちょうど、風に舞った砂ぼこりが風の弱くなったときに地面に落ちてくるのと同じです。土砂が平地にたまるとできるのが**扇状地**です。**図 1**のように、谷の出口を扇の要《かなめ》として、洪水のたびに流れが右に行ったり左に行ったりと道筋を変えるので、結果的に扇形になるのです。扇状地は粗い石が多くて水が染み込みやすいので、水田には向いていません。**写真 3**でも、森林のまま残さ

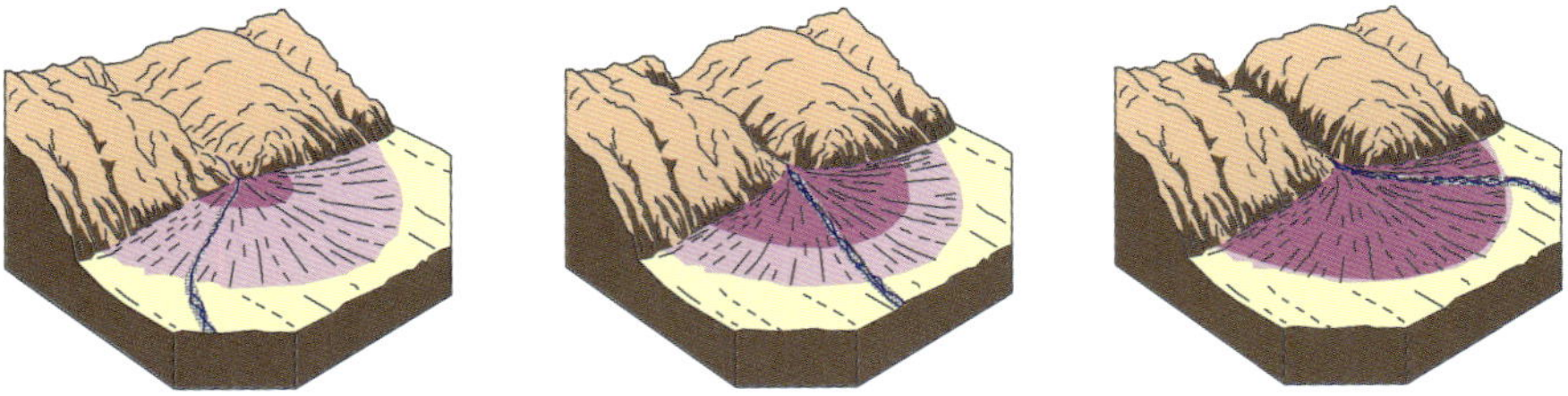

図 1　扇状地の模式図
川が平地に出たところを中心にして、洪水のたびに流路が左右に振れます。すると土砂が扇形に堆積していき、扇状地ができます。扇の要の部分を扇頂、中央部を扇央、末端部を扇端といいます。

れています。どうしても利用する場合は、樹木作物が栽培されました。樹木は水の乏しい土地でも生育できるからです。昔は**桑畑**、今は**果樹園**が代表的です。甲府盆地のぶどうや、山形盆地のさくらんぼは有名ですね。

さらに下流にいくと、川は流れの位置を自由に変えられるようになるので、くねくねと**蛇行**します。蛇行する流れに沿って、洪水の時に水といっしょにあふれ出た砂が堆積して、わずかに高い**自然堤防**ができます。自然堤防の高さはせいぜい5mもないのであまり目立ちませんが、大雨の時にも浸水しにくいので、昔から**集落**や**畑**に利用されてきました。自然堤防の背後には、洪水の水がなかなか引かない、じめじめとした土地が広がります。この土地を**後背湿地**といいます。後背湿地は水はけが悪いので、**水田**として利用されてきました。このように、**川の蛇行や自然堤防、後背湿地が広がる平地は、川が氾濫を繰り返してつくった**ものなので、**氾濫原**といいます。

氾濫原を過ぎて河口に近づくと、流れがさらに遅くなって、細かい砂や粘土を堆積させます。この土地は**三角州**といいます。三角形の形をしていることが多いからです。低湿で水はけは悪いですが、土壌は肥沃で、網目状に分かれた川の流れが舟運《しゅううん》に都合がいいので、古くから集落や農地に利用されています。

今まで見てきた扇状地、氾濫原、三角州は、そもそも地面がなかったところに、川が土砂を堆積させてつくった平野なので、まとめて**沖積《ちゅうせき》平野**とよばれます。沖積とは、河川の堆積作用のことです。このように川の作用は偉大です。しかし、川の自由にさせていては人の生活が成り立ちません。人は川とどうやって付き合ってきたのでしょうか。

写真 4　釜無川の霞堤（山梨県）
平常時は、写真の右奥から右手前に向かって水が流れています。洪水になると、写真の中央にある林の部分から水が堤防の外に逆流して出ていきます。水が出ていけるのは、この林の部分で堤防が切れているからです。この切られた部分に木が植えてあるのは、洪水時の水の勢いを少しでも抑えるための工夫です。

3　川とどうやって付き合う？

人が沖積平野で暮らしていくためには、川の流れの位置が変わらないようにすることが大切です。そこでふつう、人工的に堤防を造ります。**人工堤防**をつくってからしばらくは、これで問題解決です。しかし、しばらくすると問題発生です。思い出してください。川は平地に出てくると、堆積作用が活発になります。自然の状態でしたら、流れに沿ったところが土砂の堆積で高くなれば、より低いところへ自由に流路を変えるわけですが、人工堤防があると流れを変えることができません。すると堤防に挟まれた流路の中に土砂をためざるをえません。土砂がたまると流れの位置が高くなってしまい、あふれやすくなるので、堤防をさらに高く造ります。するとまたそこに土砂がたまって流れの位置も高くなってしまいます。この繰り返しです。するとどうでしょうか。周りの地面よりずっと高いところを川が流れるという状況が生まれます(**図2**)。これが**写真1**で見た、天井の高さを川が流れる原因です。地理の用語としても**天井川**といいます。山梨県のほか、琵琶湖周辺にもいくつかあり、土砂の供給量が多いところという共通点があります。**天井川は、人と川のせめぎ合いでできた**のです。

天井川の例のように、人は川を完全にコントロールできません。どんなに強固な堤防を造っても氾濫は起こりますし、**ダム**を造ってもしまいには土砂で埋まって機能不全になります。ですから、川を支配しようとするのではなく、川の気持ちに寄り添って対策をとるのはどうでしょうか。**写真4**や**図3**に示しましたが、武田信玄が造った**霞堤**《かすみてい》はそのいい例です。きかん坊の川が暴れたら、人は逃げて、落ち着くまで見守るという付き合い方も、場所によっては必要かもしれませんね。

図2　天井川のしくみ

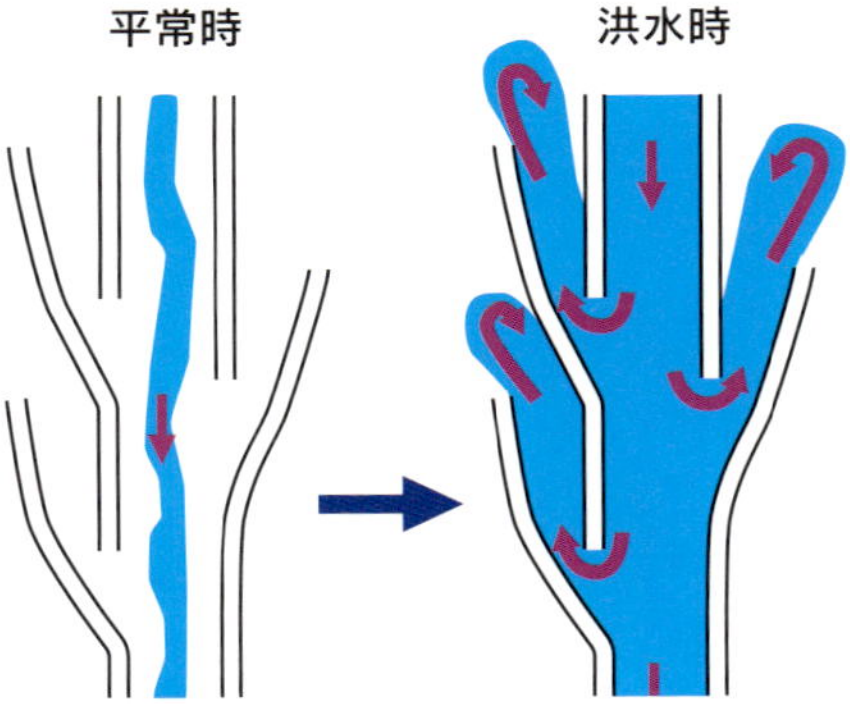

図3　霞堤の模式図

堤防に開口部を設けて、洪水時はそこから堤防の外に水を誘導することで下流の洪水を防ぐしくみです。山からの肥沃な土を農地にもたらす利点もありました。現在でも山梨県の釜無川や富山県の黒部川などで健在です。

なぜ天井に川が流れている？

山で侵食された土砂が扇状地に出て、人工堤防で挟まれた流路に堆積する

↓

氾濫しないように人工堤防をさらに高くする

↓

流路もさらに高くなり天井川ができる

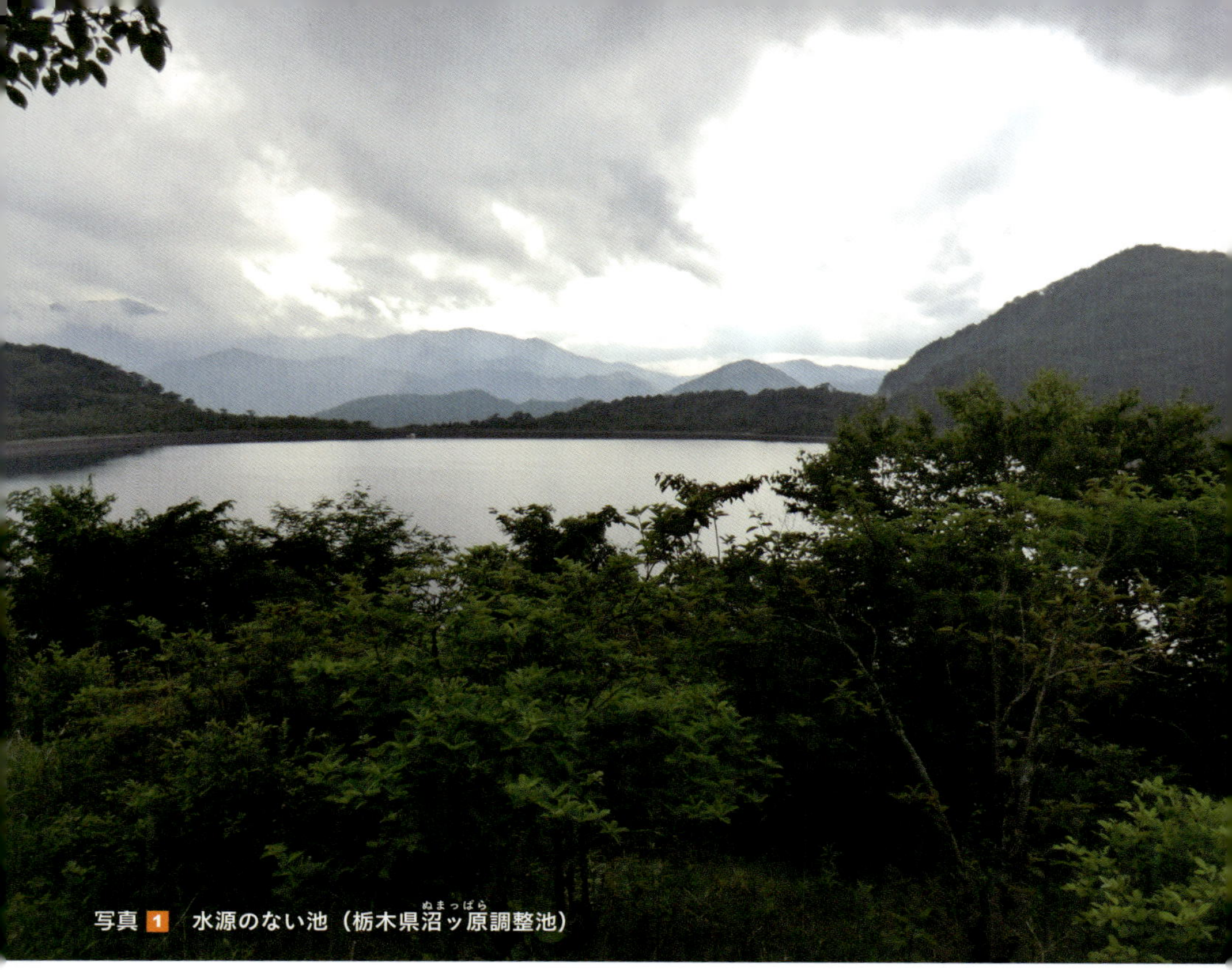

写真 1　水源のない池（栃木県沼ッ原《ぬまっぱら》調整池）

6

地形図

水源のない池!?

等高線と地図記号でナゾを解く

池が山の上にあります。池には必ず水源があるはずですが、この池には水源となるような川や泉は見当たりません。水源がないのになぜ池があるのでしょうか。

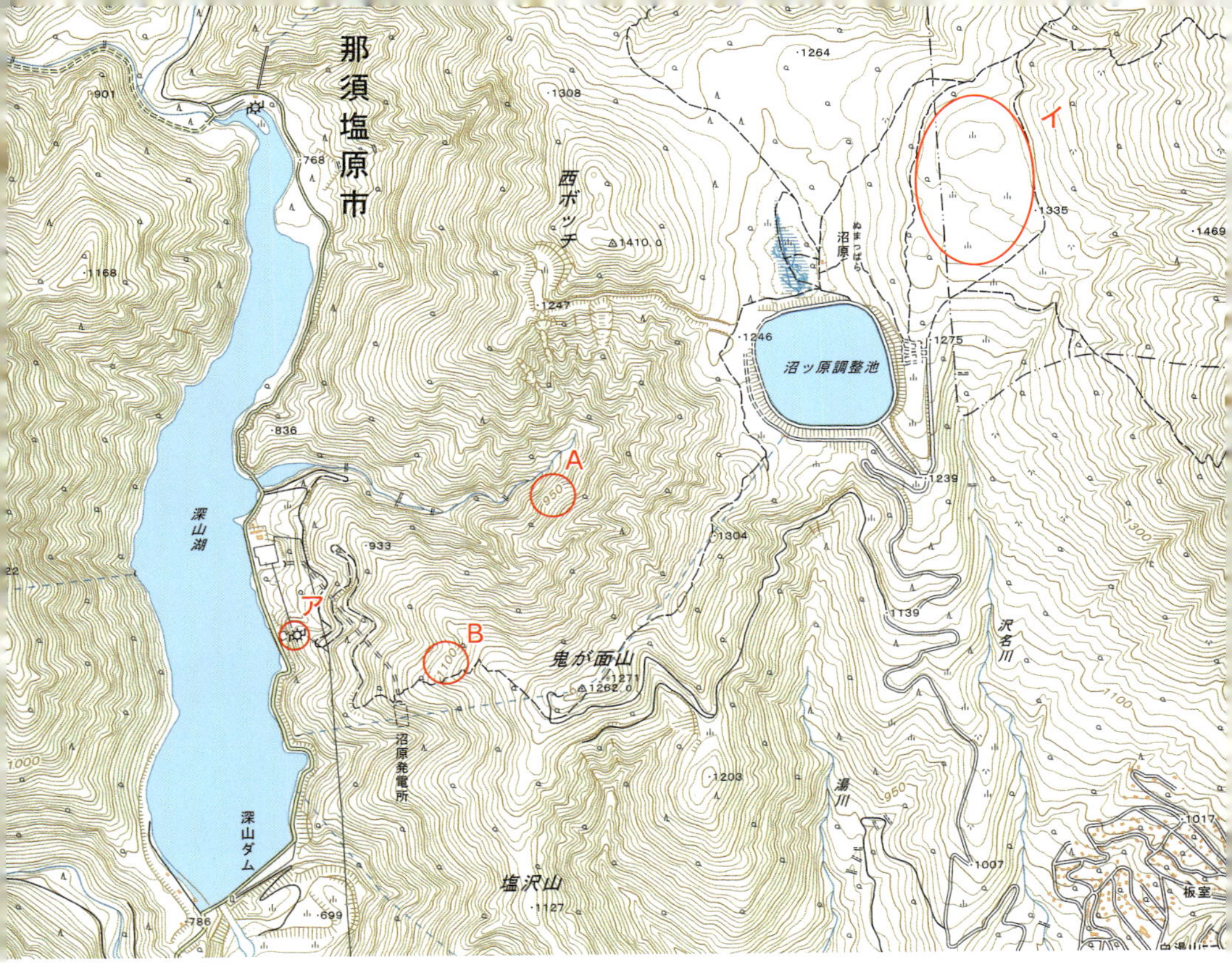

図 **1** 栃木県沼ッ原調整池付近（25000 分の 1 地形図「那須岳」国土地理院）

1 地形図とは?

水源のない池のナゾを解くために、**地形図**を読んでみましょう。地形図とは、国土交通省の**国土地理院**が発行する地図です。ふだん目にする道路地図や日本全図も、この地形図をもとに作られています。地表のあらゆる事象を網羅的に取り上げているので、**一般図**といいます。それに対して道路地図や観光マップなどの特定の事象を取り上げて作った地図は、**主題図**といいます。

図1を見てみましょう。ウネウネした黄土色の線は**等高線**といい、等しい標高の地点を線で結んだものです。提灯《ちょうちん》の骨組みを山の上からかぶせた姿を想像すると、わかりやすいかもしれません。この等高線は、高さ何mごとに引かれているでしょうか。**図1**中の**A**には950mとあり、**B**には1100mとあります。つまり、この

写真 2　ダム湖畔の発電所（栃木県深山湖）

水を流す水圧鉄管と発電用タービンは地下にあり、写真では見えていません。電力需要の多い日中は水を落として発電し、需要の少ない夜間にこのダム湖から水を汲み上げています。

間の標高の違いは150mです。ではAとBの間に等高線が何本あるか数えてみましょう。Aから数えて、太い線が3本目、細い線も含めると15本目でBの線です。15本で150mということは、1本が10mを表しています。太い線は50mごとになります。この太い線は**計曲線**、細い線は**主曲線**といいます。

計曲線が50mごと、主曲線が10mごとに引かれた地形図は、縮尺が**2万5千分の1**の地形図です。地形図には他にも、**5万分の1**があります。2万5千分の1の地形図が、空中写真や現地測量をもとにした**実測図**《じっそくず》なのに対して、5万分の1の地形図は、2万5千分の1の地形図をもとに編集して作られた**編集図**です。20万分の1の地勢図《ちせいず》や、50万分の1の地方図とよばれる地図もありますが、これらも編集図です。これらの**編集図は、2万5千分の1の地形図に載っている**

写真 3 水力発電のタービン（富山県、宇奈月ダム展示館）

等高線やその他の情報を間引いて、見やすくして作ったものです。

2 等高線でどうやって地形を読む?

では地形図を手がかりにして、水源のない池のナゾを解きましょう。沼ッ原調整池の周囲は土手に囲まれ、流入する川はありません（**写真 1**）。池の北側にある沼原湿原は、閉じた等高線の内側がヒダのようになっているので、**おう地**です。おう地とは、周囲よりも低い窪地のことです。窪地に水がたまって湿地になっているのですね。

池の南西側からは、青色の点線が延びています。これは**地下の水路**を示しています。鬼が面山のところで向きを西に変え、**写真 2** の深山湖《みやまこ》に真っ直ぐ下っています。途中に発電所の記載があるので、これは発電用の水路と考えられます。発電用ですから、なるべく落差を大きくした方が大きいエネル

写真4　図1の範囲を北から撮影
左上の沼ッ原調整池と深山湖の間に大きな標高差があることがわかります。

ギーを得られます。そこで、池から鬼が面山まではなるべく傾斜を緩くしてちょろちょろ流し、そこから一気に落下させる算段です。池から鬼が面山までの水路の傾斜を緩くするために、水路が**尾根**をたどるよう工夫されています。尾根とは、山の中で上に出っ張っているところを結んだラインのことで、地形図では等高線が標高の低い方に向かって張り出して表されます。鬼が面山から塩沢山をつなぐラインも尾根ですね。尾根の反対は**谷**で、Aのあたりのように等高線は高い方に食い込む形となります。このように地下の水路は、池から深山湖へ向けて水を落とすために造られたものですから、これも池の水源ではなさそうです。

3 地図記号を読む

図1中の**ア**には、**地図記号**があります。これは**発電所**を表します。水車のような形をしていますが、まさに水車に似た形のタービン（**写真3**）を回して電力を作っているのです。タービンを回すために、水の落下する力を使うのが水力発電、水を沸騰させた蒸気の力を使うのが火力発電や原子力発電です。このように地図記号は、関連する物や歴史的に由緒あるものが図案化されていることも多いのです。**図2**を見てください。例えば**消防署**は火消し用のさすまた、**税務署**はそろばんをシンボル化したものです。**２００２年以降に導入された図書館、博物館・美術館、老人ホーム、風力発電用風車**の地図記

号も、直感的にわかりやすい形です。

さて問題の池ですが、地下の水路から水が出て行くばかりで、入ってくる水がないのは不思議です。この水路を水が上ってくるとでもいうのでしょうか。下の深山湖から上の池まで標高差480mあります。まさかとは思いますが、そのまさかなのです。夜になると、下の湖から上の池に水が上ってくるのです。どういうことでしょうか。

日中は電気の需要が多いので、水を落として発電します。深夜になると電気の需要は低下します。でも火力発電や原子力発電は、夜だけ運転を止めるということができません。そこで、夜に余った電気をためておきたいのですが、そんな容量の大きい蓄電池はありません。そこで、沼原発電所のタービンを逆回転させて水を夜のうちに持ち上げておくのです。つまり**電気エネルギーを水の位置エネルギーに変換**して蓄えておこうというアイデアですね。

このような発電方法を**揚水《ようすい》発電**といいます。

沼原の揚水発電所は、起伏の大きい地形を活かし、深山湖と沼ッ原調整池との落差を利用して発電するもので、1973年に運転を開始しました。国立公園の区域内なので、景観にも配慮して池の形を丸くしてあります。池を造るのに40mも掘り込んだため、膨大な残土が出ました。その残土は沼原の東の**イ**のあたりに埋め立てたので、今も**荒地**となっています。地形図を手がかりにしてナゾが解けましたね。**写真4**と見比べてみるとわかりやすいと思います。地形図を持って実際の風景を眺めてみると、いろいろなことに気づけますね。

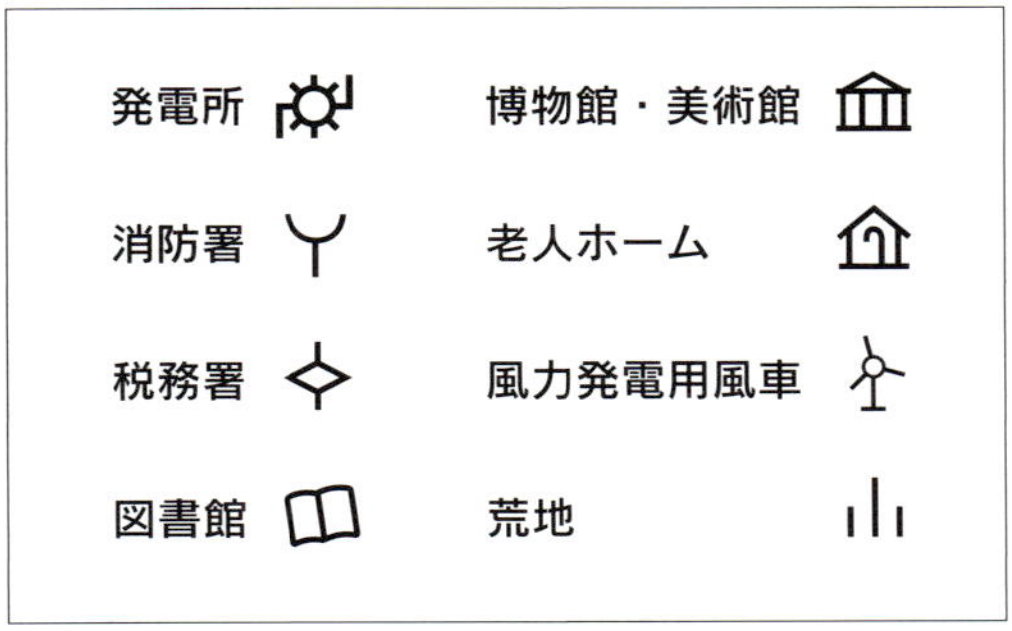

図2　地図記号の一例
老人ホームと風車は、全国の小中学生からの応募で決まりました。

水源がないのになぜ池がある？

揚水発電所の上部の調整池として造られた

↓

夜間の余剰電力で水を持ち上げている

↓

起伏の大きい地形を活かした合理的な方法

写真 1　海岸の波消しブロック（富山湾）
日本中でなぜ増えているのでしょうか。

7

海岸地形

海岸に広がる波消しブロックの森！

海岸地形をつくる彫刻家

日本の海岸にいま、写真 1 の波消しブロックが増えています。背丈を軽く超えるその大きさに、ジャングルに迷い込んだようです。海岸はなぜ波消しブロックの森になっているのでしょうか。

写真 2　屏風ヶ浦《びょうぶがうら》の海食崖《かいしょくがい》（千葉県）
崖の下部が侵食されて穴があいています。

1 波が地形をつくる!?

波は彫刻家です。人が憩う白砂のビーチ、画家が好む荒い磯、さらに生き物を育む干潟の海も、波の作品といってよいでしょう。これらの地形を波がどのようにつくるかを考えると、波消しブロックの秘密が見えてきます。

波は、海岸の岩を侵食します。千葉県犬吠埼の屏風ヶ浦には、高さ20～60mの崖が10kmにわたって続いています。これは太平洋からの強い波が、陸地をどんどん内陸へ侵食している現場です。崖の最下部が波で削られて窪みができ（**写真 2**）、窪みが大きくなると上部が耐えきれなくなって落下してくるのです。この崖の後退スピードは、1年で1mにも達します。このような波がつくる崖は**海食崖《かいしょくがい》**、または**波食崖《はしょくがい》**といいます。海食崖のある海岸

写真 3　天橋立（京都府）
宮津湾をふさぐように発達した砂州です。長さ 3.6km と細長く伸びた砂州は、まさに天にかかる橋のように見えます。

は、荒々しい**磯浜**《いそはま》となります。

侵食されて海に落ちた岩は、その後どうなるでしょうか。**岩は海底で波に揉まれて砕かれ、砂になります。**その砂は、波の力で運ばれていきます。波は海岸線に常にまっすぐぶつかるわけではないので、砂はどちらかの方向に流れていくことになります。このような海岸付近に発生する潮の流れを**沿岸流**といいます。

沿岸流で運ばれた砂は、その後どうなるでしょうか。砂は、波が弱くなったところで海底に堆積していきます。屏風ヶ浦の隣には、長さが66kmもある九十九里浜の**砂浜**が広がっています。その陸地側には広大な九十九里平野もあります。**この砂浜や平野は、海底にたまった砂が陸地に現れてできたものです。**実際に九十九里、つまり約400km続くわけではありませんが、日本を代表する白砂青松の長大なビーチは、隣にある屏風ヶ浦のたまものな

写真 4　鳥取砂丘（鳥取県）
近くに河口がある千代川《せんだいがわ》が運んできた砂が、日本海を吹いてくる風で吹き上げられてたまってできました。砂の減少などにより、海岸が侵食されたり雑草が増加したりし、砂丘の縮小が進んでいます。

のですね。
沿岸流が運んだ砂は、砂浜の他にもいろいろな地形をつくります。海岸から細長く海へ突き出すように砂が堆積した**砂嘴**《さし》は、まるで海へつながる橋のようです。砂嘴が伸びて湾の対岸まで達したものは**砂州**《さす》といい、**写真 3**に示した天橋立《あまのはしだて》は有名です。砂州によって閉じ込められた入り江は**ラグーン**または**潟湖**《せきこ》といいます。砂州が沖合にある島とつながって陸続きになった島は**陸繋島**《りくけいとう》といい、神奈川県の江の島や北海道の函館山などがあります。さらに、砂が風に吹き寄せられて陸地の上にたまると、**写真 4**の鳥取砂丘のような**砂丘**ができることもあります。これらはまさに波と砂の共同作品といってよいでしょう。

2 侵食がスピードアップ!?

波はまさに彫刻家ですが、その力を

写真 5　九十九里浜の海岸平野（千葉県）
波で打ち上げられた砂が堤状にたまって高くなった**浜堤**《ひんてい》が何列かあり、そこに集落が立地しています。最も海側の集落列は、内陸の住民が漁網や漁船を保管していた納屋《なや》が発展したので、**納屋集落**といいます。

消すために波消しブロックが設置されています。波は、陸地を削り取ってしまうからです。陸地が侵食されて減ってしまうのは、人間の生活にとって困ります。確かに波の侵食はありのままの自然で仕方ないことなのですが、**その侵食のスピードが近年、急激に速くなり人の生活にも影響を与える**ようになっているのです。これはなぜでしょうか。

砂浜の海岸は、海底にたまった砂が陸地に現れたものでした。土地が全体的に隆起すると、平坦な海底が現れるのです。このような海岸を**離水海岸**といい、そこにできる平野を**海岸平野**といいます。これと反対に、土地が沈降すると、山地が海におぼれるようになります。このような海岸を**沈水海岸**といい、ギザギザの形をした**リアス海岸**ができます。河川沿いの低地に海水が入り込むと**エスチュアリ**または**三角江**《さんかくこう》とよばれる入り江ができます。先ほど出てきた、**写真5**の九十九里平野は海岸平野の代表です。リアス海岸の代表は東北地方の三陸海岸で、三陸鉄道リアス線と鉄道の名前にもなっています。もともとは**スペインのリアス地方に由来する地名**です。

　砂浜で海岸侵食が激しくなっているのは、土地が沈降しているからでしょうか。あるいは波が強くなったからでしょうか。どちらも当てはまりません。とすると、たまるはずの砂の量が少なくなったからと考えるしかなさそうです。新潟市の海岸付近では、この100年で最大400mも海岸線が内陸に移動してしまいました。海が砂丘を飲み込み、海岸線が住宅地まで迫ってきたのです。信濃川や阿賀野川は、かつて多くの土砂を海に流し込んでいましたが、上流にダムができたために、砂がダムで堰き止められ、海に流れ出てこなくなったのです。現在、日本の海岸線は、34%が波消しブロックやコンクリートの護岸で覆われ、人工的に改変されています。**波消しブロックの森は川にダムができたことが原因**で増えていたのです。

3 沈まない島がある!?

砂の供給量が減って海岸線が侵食される例を見てきましたが、**海岸線が侵食されても陸地がなくならない、魔法のような島**が南の海にはあります。それは**サンゴ礁**の島です。サンゴは温かく透明な海に生きる生物で、太陽を求めて成長します。島をふちどるように**裾礁**《きょしょう》が発達し、島が沈降するなかで礁は上に発達し、島と礁の間にラグーンを持つ**堡礁**《ほしょう》ができ、さらに島が水没すると環状の**環礁**《かんしょう》ができます。モルディブやトンガなど、観光地としても人気になっていますね。

　サンゴ礁の島に住めば沈まないから安心、といいたいところです。しかしサンゴ礁も、地球温暖化による急速な海面の上昇には太刀打ちできません。ツバルでは、水没することを見越して国民の脱出が始まっています。地球温暖化という人為的な原因による海面上昇は、低地に多くの人が暮らす日本でも大きな問題です。ダムも温暖化も、どう対処したらいいのか、これから考えていかなくてはいけない課題です。

海岸はなぜ波消しブロックの森に変わっている？

川の上流にダムができた

↓

ダムで砂が堰き止められて海に達しなくなった

↓

海岸に砂が減り海岸侵食が起こるようになった

写真 1　アレッチ氷河（スイス）
長さ 25km の氷が、年に 30 mの速さで流れています。

8
氷河地形

氷の川が日本にある!?

氷河がつくるクールな地形

一年中、消えない氷がある!?　しかもそれが川のように流れている!?　そんなものが日本にあるのでしょうか。

写真 2　フィヨルド（ノルウェーのソグネフィヨルド）
かつてあった氷河が融けて消え、そこに海水が流入してできました。ソグネフィヨルドは奥行きが 200km、深さが最深部で海面下 1300 m あります。フィヨルド地帯に住む人は、交通を今も船に頼っています。

1 日本に氷河はあるのか、ないのか

氷河とは何でしょうか。冬に降った雪は、夏になるとふつうは融けてなくなります。ところが寒いところでは、雪が夏になっても融けきらずに次の冬を迎えます。このように一年中残る雪を**万年雪**といいますが、**万年雪はやがて圧縮されて氷になります**。その氷が低い方へ流れ下るようになったものが**氷河**です。**写真 1** のように谷の中を流れるものは**山岳氷河**、陸地全体をドーム状に覆う広大なものは**大陸氷河**、または**氷床**《ひょうしょう》といいます。

氷河はどこにあるでしょうか。気温が低い地域を挙げればいいので、まずは**南極**です。それに北極の**グリーンランド**にもあります。グリーンとは名ばかりで、実際は白い氷の大地です。南極とグリーンランドにあるのはどちらも大陸氷河で、この2地域で地球全体

写真 3　千畳敷カール（長野県）
氷期にはここを氷河がすっぽり埋めていて、その氷河の動きで、写真のようなお椀状のカール地形ができました。

の氷河面積の96％を占めます。他の４％は山岳氷河で、ヒマラヤ山脈、アルプス山脈、ロッキー山脈、アンデス山脈など、世界の名だたる高い山脈にあります。

日本はどうでしょうか。かつてはたくさんありました。その証拠が、**日本アルプス**や北海道の**日高山脈**にあります。日本アルプスとは、飛騨山脈、木曽山脈、赤石山脈を合わせたよび方で、どれも３０００ｍ級の山々が連なる高い山脈です。では日本一高い富士山はどうでしょうか。富士山には証拠が見つかっていません。

富士山に氷河がなかったのはなぜでしょうか。富士山は40万年ほど前から火山活動を始めましたが、現在の高さになったのは１万年前より後のことです。１万年といえば、**氷期**がやっと終わった頃です。氷期とは地球全体が現在よりも寒かった時代で、**氷河期**ともいいます。日本アルプスに氷河が

写真 4　三ノ窓氷河（北アルプス立山周辺）
この写真は９月の剱岳チンネのロッククライミング中に撮ったものですが、雪が大規模に残っています。この三ノ窓氷河は、秋の最も縮小した時でも長さが 1600 m、標高差が 700 mあります。この内部に氷があり、それが流動していることが 2011 年に確認され、氷河と認定されました。

あった**氷期には、富士山はまだ山自体がなかった**のですね。

2 氷河の証拠とは？

日本には氷河があった証拠が見つかっているといいましたが、どんな証拠でしょうか。まずは**氷河による侵食地形**があります。氷河が流れ下る時に、谷底や周りの山肌を削りながら流れます。その谷はU字型になるので、**U字谷**といいます。水がつくる谷が**V字谷**なのとは対照的ですね。U字谷を埋めている氷河が消えた後に海水が流入してくると、陸地の奥まで海が入り込んだ**フィヨルド**という入り江ができますが、これは**写真 2**のノルウェーやチリ南部に見られる地形で、日本にはありません。U字谷の最上部にできるすり鉢状の**カール**は日本に多くあります。**写真 3**の中央アルプス千畳敷カールは、標高２６００ｍのところがカール

写真 5　U字谷の底にできた集落（フランス、シャモニーの街）
かつてはこの谷をすっぽりと埋める氷河が写真の左から右へ流れていました。その本流に合流する支流の氷河が右上に見えています。この氷河は、アルプス山脈最高峰のモンブランから流れてきます。

底の平坦面で、ここにはロープウェーで行くことができ、ホテルもあります。

氷河による堆積地形もあります。 氷河は下流まで流れていくと、暖かい気候のもとで融けて消えます。そこに、運んできた岩を積み残していくのです。残された岩は**モレーン**という土手状の盛り上がりになります。このモレーンができた年代を調べることで、氷河がいつ、どこまで広がっていたのかを明らかにすることができるのです。まさに氷河からの置き手紙といったところでしょうか。このように、**氷河が存在した証拠は山の地形に残されるのです。** では現在の日本に氷河はあるのでしょうか。

3 日本で氷河を発見！

2011年、**北アルプスの立山に氷河が見つかりました。** 写真 4 がその氷河です。よく誤解されるのですが、氷河が新たにできたわけではありません。今まで氷河なのか、ただの万年雪なのかわからなかったものが、調査の結果、氷河と確認できたということです。**GPS**や電気探査による観測で、万年雪の中の氷が年に少なくとも4m移動していることがわかり、日本で初めて氷河と認定されました。立山は確かに高い山で寒い気候ですが、もっと寒いところなら東北地方や北海道にもあります。なぜ日本の氷河は立山だけにあるのでしょうか。

立山は豪雪地帯です。5月の連休の立山では、高さ10mを超える雪の壁の中を歩くことができます。これほど豪雪地帯なのは、シベリアからの**季節風**がまともに当たるからです。この季節風は、**暖流**の対馬海流が流れる日本海の上で水蒸気をたくさん含んで湿った風になるので、それが雪となって降り積もることで、立山は世界でもまれな豪雪地帯となるのです。さらにこの積雪が**なだれ**となって谷底に落ちることで、立山の谷には毎年、膨大な量の雪が供給されて、氷河が発達するのです。**なだれ涵養《かんよう》型の氷河**といえます。

氷河と人間生活との関係はどうでしょうか。アルプスの山中ではU字谷の谷底は貴重な平坦地で、**写真5**のように農牧業を営む集落ができています。ネパールでは氷河から流れてくる水は、発電や灌漑のための貴重な水源になっています。日本では氷河や氷河地形は山の上にしかないので、あまり関わりは感じられないかもしれませんが、実はとても深く関係しています。私たちの祖先が大陸から日本列島に渡ってこられたのは、氷期に海面が120mも低下して大陸と陸続きになったからです。海面が低下したのは、氷期には大陸上に氷河が発達するので、海水の量が減るからです。氷期のあとの**間氷期**になると、海面は上昇し、日本は島になりました。このように地球規模で海面が変動する現象は**氷河性海面変動**とよばれ、地形だけでなく、**人の往来や動植物の生息範囲の拡大にも影響を与えました。**いま沿岸にある**大陸棚**とよばれる浅い海底は、氷期に平野だったところです。現在は氷河の存在感は小さいですが、世界中の地形や生き物に影響を与える、クールで大きな存在だったのですね。

日本に氷河がある!?

冬の季節風のため日本海側は豪雪

↓

北アルプスの立山に
なだれ涵養型の氷河がある!

↓

今の氷河は小さいけれど、
かつて氷期には氷河のおかげで
日本が大陸とつながり人が渡ってきた

↓

氷河は地形や生き物に影響を
与える大きな存在

写真 1　モニュメントバレーの風景（アメリカ合衆国）
この奇妙な岩はどのようにでき、なぜ消えるのでしょうか。

9

乾燥地形

大地から岩が消える!?

乾燥地域のふしぎな地形

乾燥したアメリカの大地には、写真1のような奇妙な岩があります。この岩はどんどん小さくなって、しまいには消えてしまいます。岩はなぜ消えるのでしょうか。

写真 2　砂の砂漠（モロッコのサハラ砂漠）
このような**砂砂漠**をエルグとよび、エルグの広がる光景はサハラ砂漠の特徴となっています。しかしサハラ砂漠でもエルグは２割程度で、大部分は**ハマダ**とよばれる岩石砂漠や**レグ**とよばれる礫砂漠です。

1 岩の塔はどうしてできる?

写真 1 のモニュメントバレーがあるのは、砂漠です。砂漠というと、砂の原がえんえんと続く**写真 2** のような風景を想像するかもしれません。確かにそのような砂漠もありますが、砂の原が続く**砂砂漠**は多くなく、ほとんどは岩がむき出しになっている**岩石砂漠**や、石の原が続く**礫《れき》砂漠**です。そもそも砂漠というのは、乾燥して植物がほとんど見られない土地のことをいいます。

砂漠にあるモニュメントバレーで、この塔のような地形がなぜ消えてしまうのでしょうか。ここはコロラド高原の一角にあり、もともとはほぼ平坦な台地が広がっていました。あまりにも乾燥しているので植物が育たず、岩がむき出しです。むき出しの岩に強い日射が照りつけると、岩は熱くなって膨

写真 3 グランドキャニオンの大峡谷（アメリカ合衆国）
コロラド川が台地を侵食してできました。

張します。反対に夜には冷めて収縮します。こうして膨張と収縮を繰り返すことで、岩は砕かれていきます。このように太陽の日射によって岩が砕かれる作用を**日射風化**といいます。他にも**塩類風化**や**凍結風化**などが起こり、岩が砕かれます。砕かれて細かくなった石は、その場から運び去られて消え、岩石の塔ができていくのです。テーブル状のものは**メサ**、塔状になったものは**ビュート**といいます。メサやビュートは、**機械的風化**や**化学的風化**を受けてできるのです。

2 砕かれた石を運び去るのは？

風化で砕かれた石はその後、どこへ行ってしまうのでしょうか。川が運び去るのが、日本だとふつうの考え方ですね。しかし乾燥地域なので雨はほとんど降らず、川はあまりありません。川は少ないですが、コロラド高原には

写真 4　砂漠のオアシス（モロッコ）
谷底は水が湧くので、ナツメヤシの木が茂り、人の生活の場です。ここに住むモロッコの先住民ベルベル人は、ナツメヤシを食用や建材に利用します。手前の建物はカスバとよばれ、住居や穀物倉庫として使われると同時に、外敵から集落を守る砦の役割もあります。

写真 3 のグランドキャニオンをつくった**コロラド川**が流れています。エジプトの砂漠には**ナイル川**が流れ、サハラ砂漠には**ニジェール川**が流れています。これらの川は、確かに砂漠の中を流れていますが、その源流は雨の多い**湿潤地域**にあるのです。つまり**上流の湿潤地域に発して、砂漠を貫くように流れています。**このような川を**外来河川**といいます。この外来河川による侵食は、広い大地の中で狭い範囲にはたらくだけで、砂漠全体の石を持ち去るような力はありません。

砂漠には、外来河川の他にも日本では見られない川が見られます。海に注がずに砂漠の中に消えてしまう**内陸河川**や、雨が降ったときだけ流れてふだんは涸《か》れ川になっている**ワジ**などです。ワジの底は固く平らで歩きやすいので、昔から人々の交易路として使われました。

このような内陸河川やワジを流れる

写真 5　図 1　ビュートとその模式図（アメリカ合衆国）
硬い部分の地層が、その下にある軟らかい地層を風化や侵食から保護する役目をしています。土台のスカート状の斜面に水平の地層が見えることから、この部分は上から落ちてきた石がたまってできたものではなく、もともとある地層だとわかります。

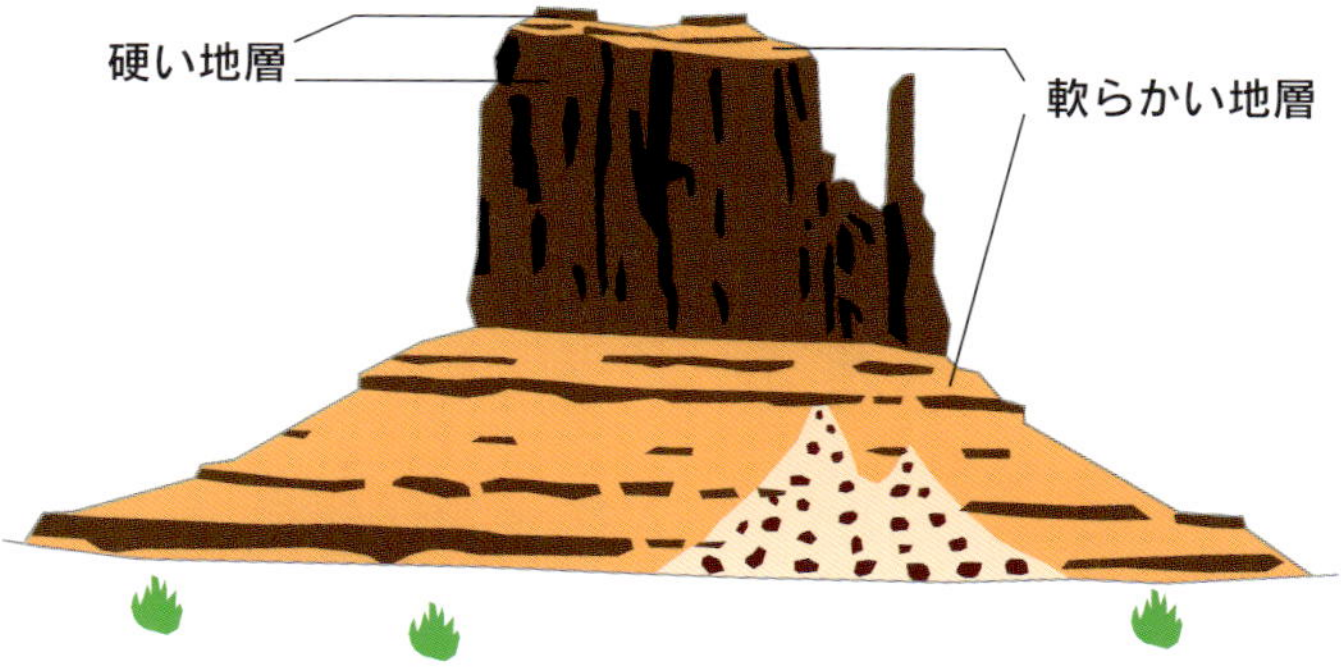

水が石を運び去るのでしょうか。この水の流れは途中で消えてしまいます。消えるのは、水が地中に染み込むからです。染み込んで地下水となった水は、低いところで再び湧き出します。ここ

がオアシスです。オアシスには緑が茂り人間の生活が営めるので、**写真4**のように昔から集落が発達しました。これらの集落を結んで延びるのが、シルクロードなど砂漠の中の交易路です。オアシスの水はいつも透き通り、住民や隊商、さらに動植物を育みます。水が澄んでいるということで、この地下水も石を運ぶ力はなさそうです。

3 石を運ぶ力とは

砕かれた石は、そのまま岩の塔の根元にたまっているのでしょうか。**写真5**を見るとビュートの土台がスカート状になっているので、そのようにも見えます。しかしこのスカート状の斜面をよく見ると、水平の地層が見えます。この水平の地層は、もともとあった岩石の層が現れているものです。仮に上からの落石でできた**崖錐《がいすい》斜面**だとすると、岩が乱雑に積み重なるだけなので、このような地層は見られません。

石が消える秘密は、風化にありそうです。岩が風化され石になりますが、その石もさらに風化されます。風化されてどんどん細かくなっていき、しまいには砂となります。**砂漠の表面は植物に覆われていないので、この砂は風によって簡単に飛ばされます。**こうして石は消えていくのです。

飛ばされた砂はどこへいくのでしょうか。サハラ砂漠からは、大西洋に向かう**貿易風**に乗って大量の砂が飛んでいきます。海岸線１kmの範囲を１時間に通過する砂の量が６６０トン、１ヵ月にするとおよそ東京ドーム１杯分の砂が大西洋に飛んでいく計算となります。中国内陸のゴビ砂漠の砂も、**偏西風**に乗って日本にやってきます。これは**黄砂**とよばれます。黄砂は特に春先に多いのですが、最近その量が増えています。これは、**温暖化でゴビ砂漠の雪が減り、まだ風の強い3月にすでに砂がむき出しになっている**ことが原因です。

このように、砂漠では風の力が大きいことがわかりました。ふだん風のことなどあまり意識しませんが、風は岩を削ったり地形をつくったりする偉大な力なのですね。

砂漠の岩はなぜ消える？

岩は風化して砕かれ、石になる
↓
石はさらに風化して、砂になる
↓
砂は風で飛ばされ、消える
↓
砂漠では、風は地形をつくる偉大な力

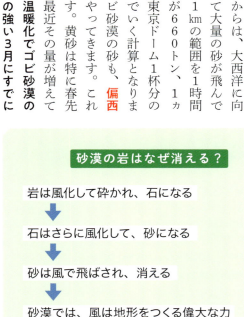

写真 1　沖縄のガマ（ひめゆりの塔の洞穴）
戦時中はひめゆり学徒などの避難場所になりましたが、攻撃を受け多くの人が命を落としました。

10

カルスト地形

天然の防空壕!?

人と関わるカルスト地形

沖縄には、**ガマ**とよばれる洞穴《ほらあな》が数多くあります。ガマは、先の戦争で野戦病院や住民の避難場所となりました。ガマは自然にできたのでしょうか、人が作ったのでしょうか。

写真 2
秋吉台のカルスト台地
草原上に石灰岩の石塔が散らばる地形は**カレンフェルト**とよばれます。またドリーネやウバーレとよばれる窪みも多く見られます。このような岩の風景がスロベニアのカルスト地方に広がり、現地の言葉で「岩」を意味する「クラス」がカルスト地形の語源となりました。

1 ガマとチャンプルーの関係

沖縄はチャンプルーの島です。チャンプルーとは混ぜこぜにしたものという意味で、ゴーヤーに豆腐や豚肉などを混ぜたゴーヤーチャンプルーは有名です。チャンプルーは料理だけではありません。衣服、住居、言葉など、文化の面でも混ぜこぜになっています。位置的に日本の本土、台湾、東南アジア、中国大陸、朝鮮半島に囲まれ、これらの文化が融合しているのです。屋根の**シーサー**は台湾に多い石像《せきぞう》獅子《しし》に似ていますし、料理に豚肉を使ったり、濃い味付けを好むところは中国の広東料理に似ています。

チャンプルーは沖縄の文化の特徴ですが、自然にも当てはまります。沖縄本島を見てみると、北部は山がちな地形で、深い**ヤンバル**の森に覆われています。それに対して南部はなだらかな地形で、人の生活の場となっています。石垣島や西表島《いりおもて》でも、内陸部は荒々しい山地なのに対し、海岸部は穏やかな平野です。この穏やかな地形のところに、ガマの洞穴が多くあります（**写真 1**）。この洞穴はどのようにできたのでしょうか。

写真 3　鍾乳洞の内部（福島県あぶくま洞）

天井からしたたり落ちる水は、含んでいる炭酸カルシウムを晶出させ、つららのような**鍾乳石**《しょうにゅうせき》、底面から上方に伸びる**石筍**《せきじゅん》、それらが結合した石柱《せきちゅう》などをつくります。

2 ガマはどのようにできた？

ガマの多い沖縄本島の南部には、**サンゴ礁**の海岸が広がります。サンゴ礁とは、**サンゴ虫**が成長に伴って分泌する**炭酸カルシウム**が固まって林のようになった、浅い海底のことです。サンゴ虫は、エサのプランクトンを多く食べようと、炭酸カルシウムの骨格を周囲に伸ばしていきます。この炭酸カルシウムが長い年月をかけて積み重なっていくと、**石灰岩**となります。この**石灰岩の地層が、沖縄本島南部には広く分布しています。**

この石灰岩は、酸性の水に触れると少しずつ溶かされていくという性質があります。この酸性の水はどこにあるでしょうか。まず地下水を考えてみると、酸は植物が分解されるときに土壌中に生じるので、植物が豊かな沖縄では地下水は酸性になります。他に雨水

写真 4　石灰岩の地層（あぶくま洞）
石灰岩は白くて硬いのが特徴です。あぶくま洞ではかつて採掘した跡が断面で見られます。

を考えてみると、大気中の酸を取り込んで落ちてくるので、これも酸性です。つまり、沖縄ではふつうにある**地下水や雨水が、石灰岩を溶かしていく**のです。この石灰岩が酸によって化学的に溶かされる作用を**溶食**《ようしょく》といいます。

石灰岩地域で起こる溶食は、さまざまな地形をつくります。わずかなへこみに水がたまってそこだけ溶食が進んでいくと、地表にすり鉢状の窪みが多くできます。この窪みを**ドリーネ**といいます。ドリーネの底からは水が地下に染み込んで地下水となり、この地下水が洞窟をつくっていきます。この洞窟を**鍾乳洞**《しょうにゅうどう》といいます。鍾乳洞の天井が落ちたりしてドリーネが広がっていくと、平らな底を持つ**ウバーレ**ができます。溶食が進んで石灰岩の岩塔が林立するようになることもあり、これは**タワーカルスト**といいます。このような石灰岩が溶食されつくして、一段低まった盆地ができることもあり、これ

写真 5　石灰石の採掘・精錬（埼玉県秩父市の武甲山）
現在も続く石灰石の採掘で、武甲山は山の形が大きく変わりました。身近にあるコンクリートに触れて、武甲山を感じてみましょう。

は**ポリエ**または**溶食盆地**といいます。これらの独特の地形は、まとめて**カルスト地形**といいます。カルストとは、**スロベニアのカルスト地方に見られることに由来**します。

日本のカルスト地形で有名なのは、山口県の**秋吉台**《あきよしだい》です。山手線内の広さ三つ分の台地に、ドリーネやウバーレが見られます。昔から牧草地に利用されているので木は生えておらず、**写真 2**のように波打つ風景が広がり、まるで大海原《おおうなばら》のようです。地下には大小200もの鍾乳洞があり、**秋芳洞**《あきよしどう》とよばれる鍾乳洞はまだ全容がわかっていないほど大規模です。秋芳洞の中には地下水が垂れながら固まって成長した**鍾乳石**や、石灰の結晶が棚田のように並んだ**百枚皿**などの不思議な光景が見られます（**写真 3**）。カルスト地形は他にも、福岡県の平尾台や愛媛県と高知県の境にある四国カルストも有名で、鍾乳洞は東京都の日原鍾乳洞や福島県あぶくま洞（**写真4**）などがあります。タワーカルストとして有名なのは中国のコイリン（桂林）で、世界自然遺産にも登録されています。

このような鍾乳洞が、沖縄のガマの正体です。**ガマが沖縄本島の南部に多いのは、そこが石灰岩地域だから**です。石灰岩は硬いので落盤も少なく、戦時中は住民の防空壕や避難場所に利用されました。戦局の末期には軍の野戦病院としても使われ、敵の攻撃で多くの犠牲が出た場でもあります。ひめゆりの塔があるガマでは、同年代で散った少女たちを悼む修学旅行生の献花が、今も絶えません。

3 石灰岩の利用

石灰岩の地層は、鍾乳洞のシェルター機能や観光資源だけでなく、他の観点でも人の生活に役立っています。石灰石は**セメント**の原料となり、コンクリートとして建物や道路に使われています。石灰の国内自給率は100％で、日本にとって貴重な工業原料です。また山間地域に立地するセメント工場は、**過疎が進む地方にとって貴重な雇用の場**です。セメント工業が都市部ではなく原料の産地に立地するのは、原料を製品にすると重さがとても軽くなるので、余計な**運搬費**をかけないためです。このように原料から製品にすると重量が減る工業の立地は、**原料指向型**になるのがふつうです。秋吉台のある美祢市や**写真5**の秩父市は、石灰石を採掘することで町が発展した歴史を持っています。

石灰石は色が白くてきれいなことから、大理石とともに石像や建物に使われることもありますが、いま問題となっていることもあります。大理石は、石灰岩が地下で熱の作用を受けて変質してできたものです。マーブル模様が美しく墓石にも使われますが、やっかいなのは石灰石も大理石も酸性の雨で溶けてしまうことです。工場からの排煙などで**酸性雨**が降る地域では、これらで造られた**建造物が溶ける被害**が出ています。これはまさに溶食です。石灰岩は、意外にも人の生活に近いところにある岩なのですね。

ガマはどうしてできた？

ガマがあるのは石灰岩地域

↓

石灰岩は溶食されてカルスト地形をつくる

↓

カルスト地形にはドリーネや鍾乳洞がある

↓

鍾乳洞がガマの正体

穂高岳屏風岩

穂高岳での窮地

死んだ、と思ったことがある。

学生時代のロッククライミング中、コンビを組んだY君が「あっ」という声とともに大岩壁から突然、落ちた。みるみる間に小さくなっていく体。血の気が引く。次の瞬間、止まった。命綱のロープが岩に挟まったおかげだ。この窮状から生還するには、重傷のY君を背負って岩壁を脱出しなくては。それには、今にも切れそうなロープに二人の体重を預けて下降しなくてはいけない。ロープが切れて二人とも300mの大岩壁を墜落か……。死んだ、と思った。

場所は穂高岳の屏風岩。屏風のような大岩壁は、氷河がつくった。氷河は岩肌に割れ目を残した。その割れ目にハーケンとよばれる岩釘を打ちながら登っていた。古いハーケンにY君が荷重をかけたとき、それが突然抜け落ちたのである。原因は、岩盤の風化。岩に食い込んだハーケンはふつう、古くても簡単には抜けない。抜けたのは、そこが滴る水で湿っていたからである。

水はあらゆるものを砕く。ハーケンを腐食させるだけではない。岩壁の割れ目に入り込み、凍結膨張して岩を砕く。乾湿の繰り返しで膨潤《ぼうじゅん》して岩を砕く。砕かれた岩は、やがて落下し、水流で運ばれ、平野をつくり海へ達する。地形をつくる風化、侵食、運搬、堆積の作用すべてに、水がかかわる。

大岩壁でその時、落ち着きを取り戻せたのは、一杯の水を飲んだから。人の命を危うくし、助けもする。山をつくり、壊しもする。窮地で思った、水は偉大だと。

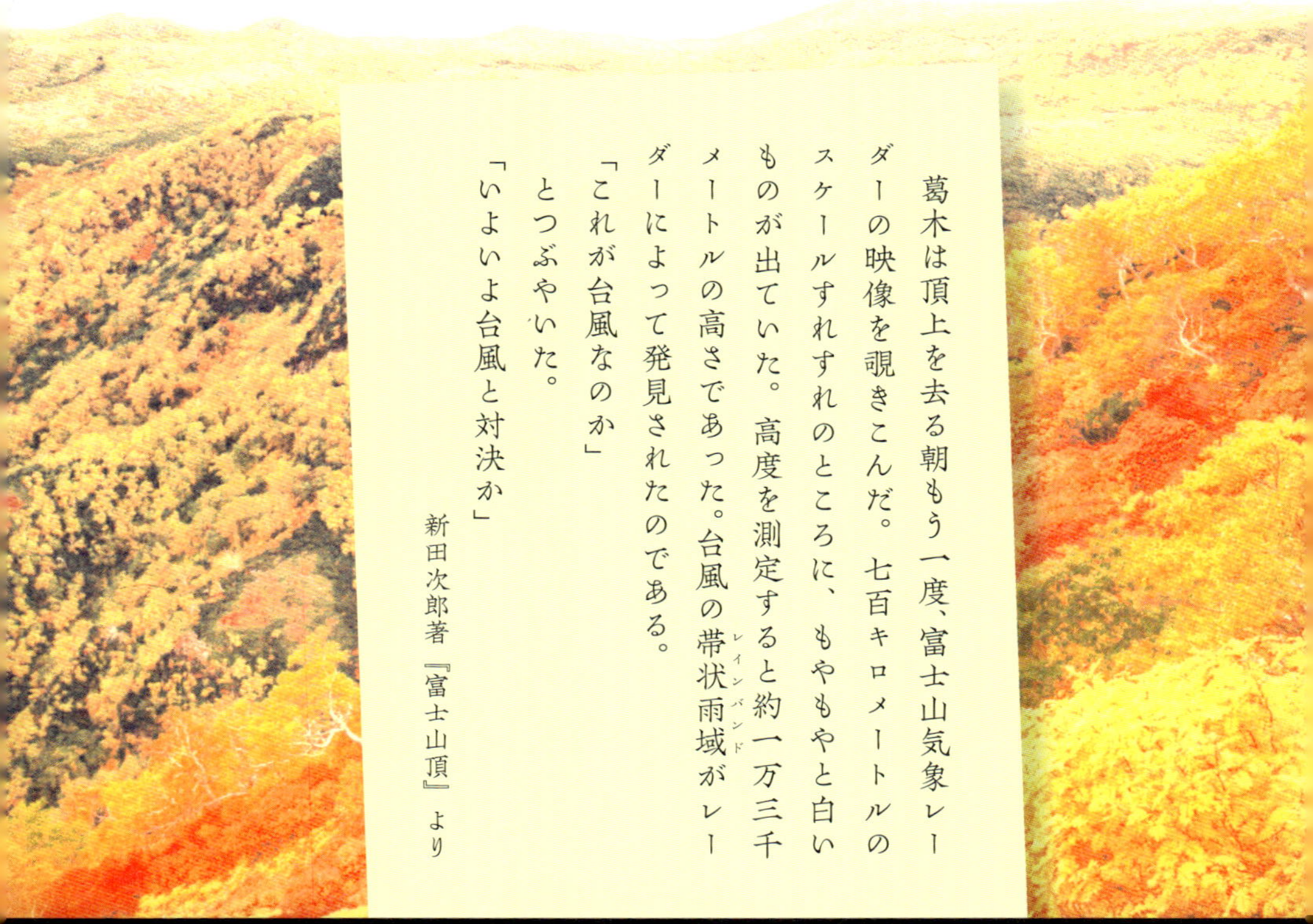

葛木は頂上を去る朝もう一度、富士山気象レーダーの映像を覗きこんだ。七百キロメートルのスケールすれすれのところに、もやもやと白いものが出ていた。高度を測定すると約一万三千メートルの高さであった。台風の帯状雨域《レインバンド》がレーダーによって発見されたのである。

「これが台風なのか」

とつぶやいた。

「いよいよ台風と対決か」

新田次郎著『富士山頂』より

第2章　気候と生態系

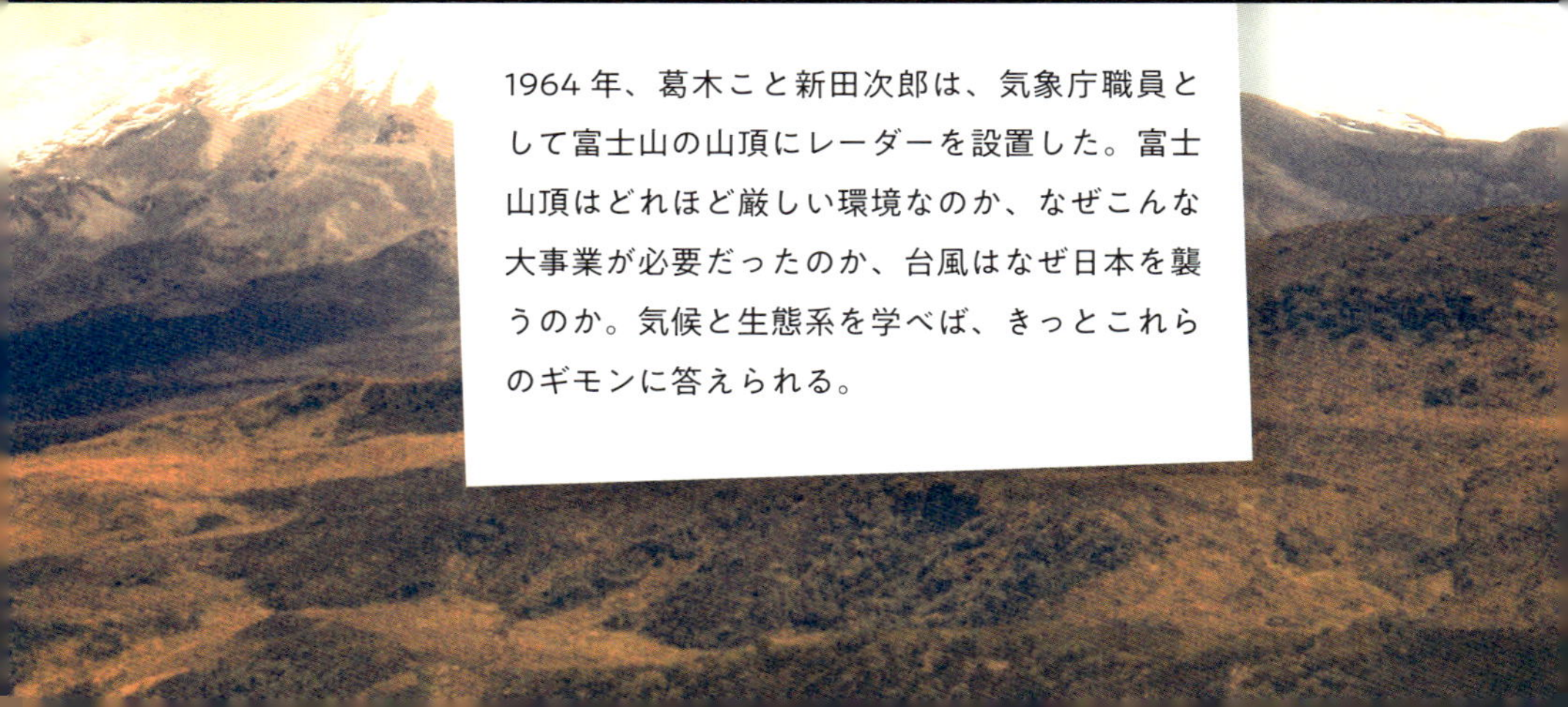

1964年、葛木こと新田次郎は、気象庁職員として富士山の山頂にレーダーを設置した。富士山頂はどれほど厳しい環境なのか、なぜこんな大事業が必要だったのか、台風はなぜ日本を襲うのか。気候と生態系を学べば、きっとこれらのギモンに答えられる。

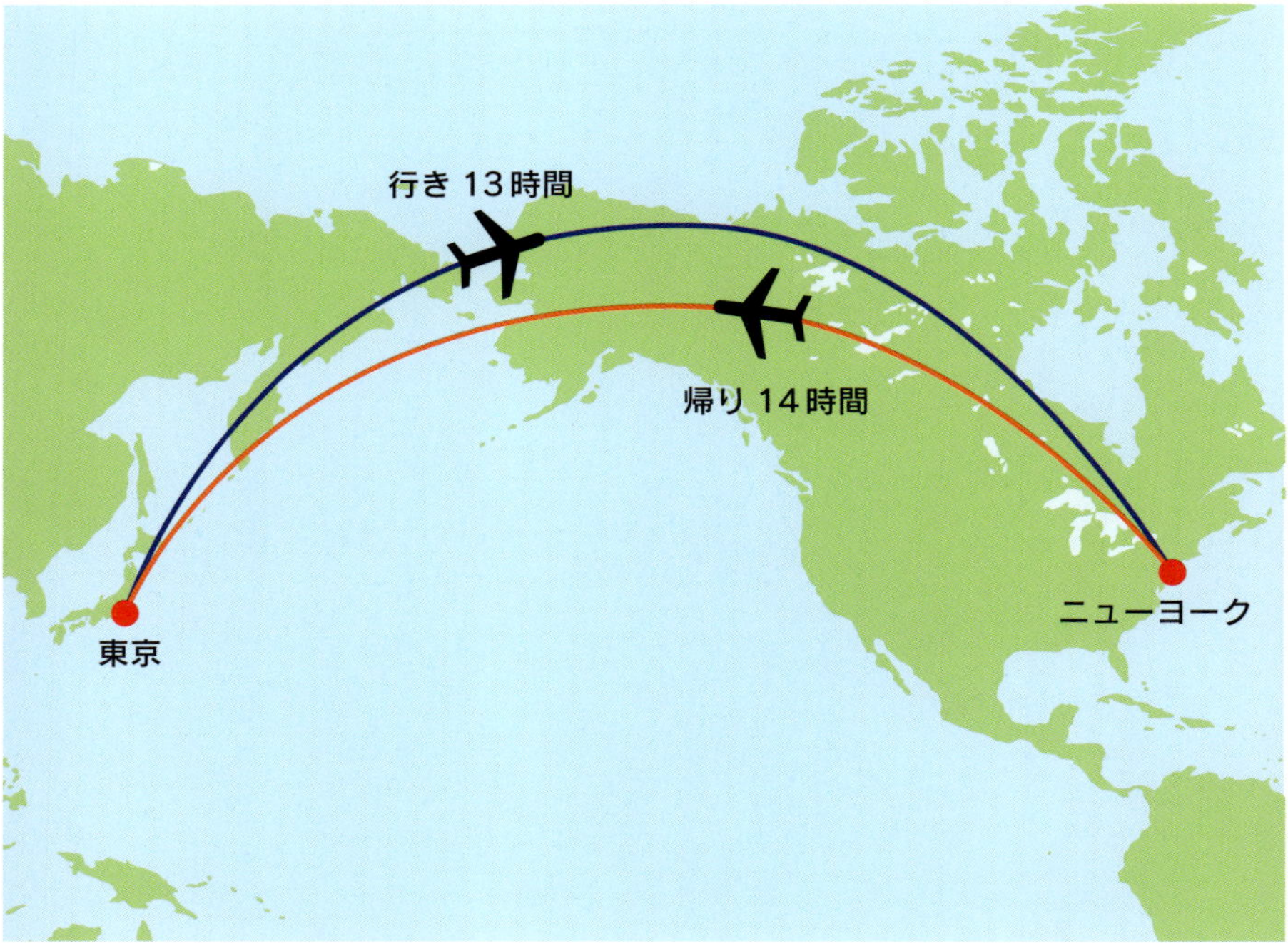

図 1　東京とニューヨークを結ぶ航空路
行きと帰りで時間が違うのはなぜでしょうか。

1
気候の成り立ち

海外旅行、行きと帰りで何かが違う！

大気大循環のしくみ

東京からニューヨークへ飛行機で行くと、行きは 13 時間で着きますが、帰りは 14 時間かかります。1 時間も差があるのはなぜでしょうか。

写真 1　飛行機内の画面
高度が上がると気温が下がります。

写真 2　山の上で膨らんだ菓子の袋（南アルプス北岳）
標高 3000 m でのようすです。この標高では、気圧は平地の 3 割減となり、菓子の袋はパンパンに膨らみます。

1 行きと帰りで違う理由

飛行機に乗ってニューヨークへ行きましょう。東京を飛び立った飛行機の窓からは、地面がどんどん遠ざかっていきます。高度や外の気温が表示される画面（**写真 1**）を見ると、高度が上がるにつれて気温がぐんぐん下がっていきます。とうとうマイナス47℃になりました。気温は上空ほど低いのですね。山に登ると平地より寒いことを思い出しました。100m上がるごとに0.6℃くらい下がり、この割合のことを**気温の逓減《ていげん》率**といいます。

シートベルト着用のサインが消えました。高度は10kmを超えて水平飛行に移ったようです。なぜ10kmなのでしょうか。上空に行くほど空気は薄くなります（**写真 2**）。すると空気抵抗が弱くなるため、速く飛べるのです。ならば空気のない宇宙まで上がればもっと

写真 3　赤道上空に湧く雲（インド洋上空）
高度10kmから見ると、上には雲がほとんどないのに対し、下には積乱雲などの雲が見えます。高度およそ10kmまでが気象現象の起こる対流圏だからです。

速く飛べるのでは？　空気がなくてはエンジンの推進力が得られません。そこで、ちょうどいいのが10kmなのです。

窓から見る空は、黒いほどの青色です。上には雲はありません。雲が発生して雨が降るような**大気現象**は、上空およそ10kmまでの**対流圏**とよばれる層の中で起こるので、飛行機はその層の上端を飛んでいるのです。下を見ると、**写真3**のように積乱雲が散らばっています。

風も同じで、対流圏の中で起こる大気現象です。この風が、東京からニューヨークへ向かう飛行機には追い風となります。逆にニューヨークから東京へ向かうときは向かい風です。この**追い風と向かい風の違いで、行きと帰りでは1時間も違いが出る**のです。

この風は**ジェット気流**といいます。ジェット気流とは、上空を常に吹いている西風の中でも特に強い流れのことです。この西風は**偏西風**といいます。

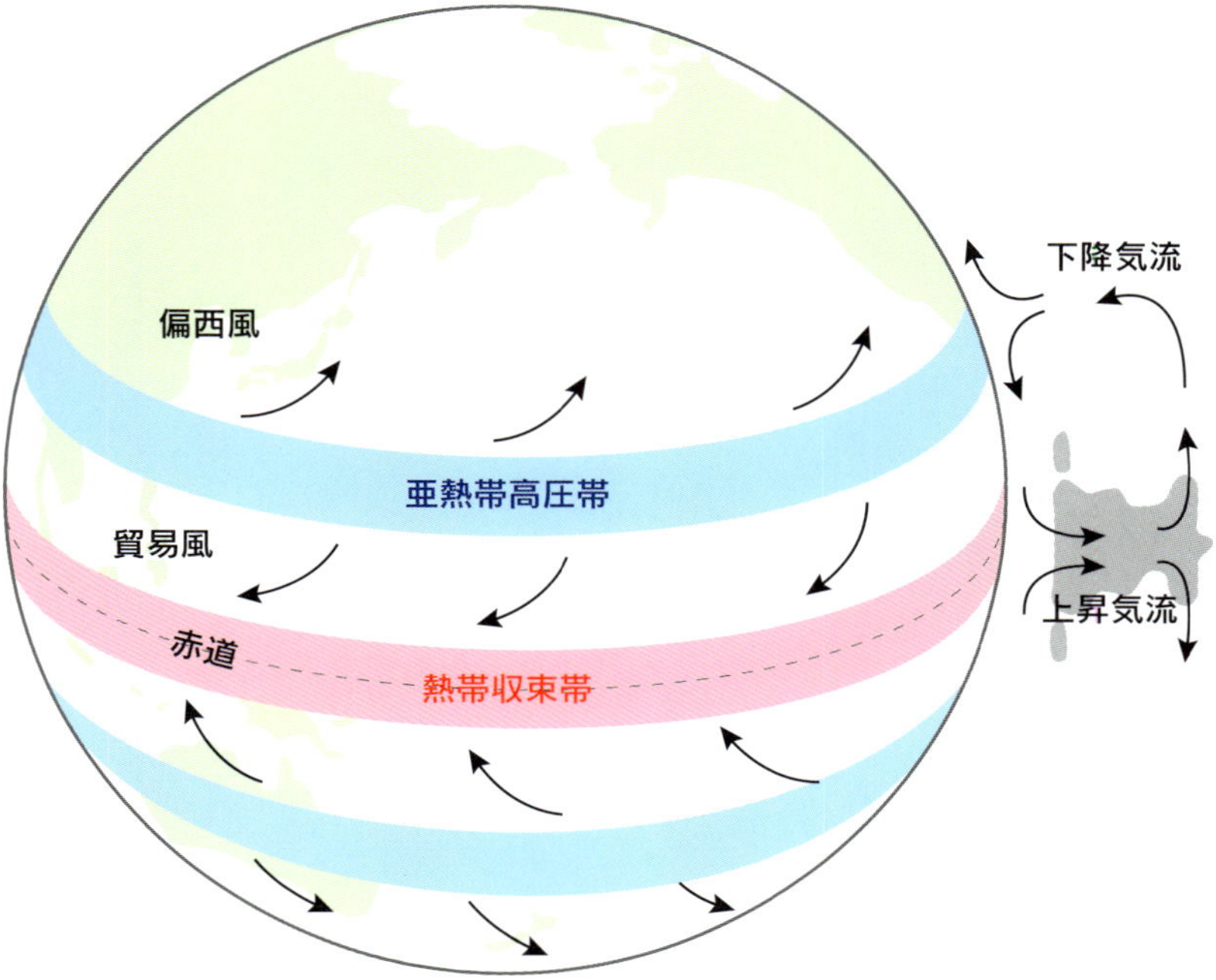

図 2　大気大循環のしくみ
赤道付近で上昇した気流は、上空で北と南に別れて移動し、緯度 30 度付近で下降します。下降した気流は亜熱帯高圧帯をつくり、赤道側に流れると貿易風、高緯度側に流れると偏西風となります。

いつも偏って西から吹く風なので偏西風です。偏西風はどうして吹くのでしょうか。

2 偏西風が吹く理由

偏西風は、地球規模で吹く風です。風は、いつも天気予報で耳にしますが、そもそも風はなぜ吹くのでしょうか。これは、水が高いところから低いところに流れるのと同じで、気圧が高いところから低いところに流れているのです。つまり、**風は高気圧から低気圧に向かって吹く**のです。

風とともに天気予報で出てくるのは、気温と天気です。天気で大切なのは、雨が降るかどうかです。降るのは雪のこともあるので、降水とよびましょう。これらはある地点の気候を決める要素なので、**気候要素**といいます。つまり**気温、降水、風などが気候要素**です。この気候要素に影響を与えるも

写真 4　ヨーロッパの風車（スペイン）
偏西風を利用した風力発電は、大西洋に面した国々でとてもさかんです。総発電量のうち、デンマークでは32％、ポルトガルでは23％を風力が担い、日本の0.5％と比べて大きくなっています。

のを**気候因子**といいます。緯度が高くなったり高度が高くなったりすると気温が低下しますし、高い山では風が強くなります。暖かい海流が流れていると降水が多くなります。つまり**緯度、高度、地形、海流などが気候因子**です。

さて風は高気圧から低気圧に向かって吹くと述べましたが、では東京が高気圧でニューヨークが低気圧なのでしょうか。図 2 を見てみると、違うようです。図 2 の赤道付近には、雲が湧いています。この雲は**上昇気流**でできた雲です。赤道付近になぜ上昇気流ができるかというと、太陽エネルギーを多く受けて地面が暖まるからです。暖かいものが軽くなって上昇するのは、お風呂のお湯で確かめられます。このように赤道付近では上昇気流が発生するので、地面付近の空気は少なくなります。空気の量が減るので空気の圧力が小さくなります。つまり低気圧の発生です。こうして**赤道付近には低気圧**

ができます。この地帯を**熱帯収束帯**とよびます。

赤道で上昇した空気はどこに行くのでしょうか。この空気は上空に行くと冷やされ、緯度30度くらいのところまで移動して、とうとう下降します。緯度30度付近の地表では空気がどんどん下降してくるので、空気の量が多くなり、空気の圧力が大きくなります。つまり高気圧の発生です。こうして**緯度30度付近には高気圧ができます**。この地帯を**亜熱帯高圧帯**といいます。

亜熱帯高圧帯で下降した空気は、赤道付近に向かう流れと、逆に高緯度側に向かう流れに分かれます。このうち、赤道に向かう風を**貿易風**といい、高緯度に向かう風を**偏西風**といいます。南北にまっすぐ進まないのは、地球が自転しているからです。地球の自転の影響で、北半球では打ち上げたものが右へ右へと曲がって進む法則があるのです。こうして、**東寄りの風の貿易風と、西寄りの風の偏西風**が現れることがわかりました。このような地球規模での風の流れを**大気大循環**といいます。

3 大気大循環の利用

大気大循環があることは、コロンブスも知っていました。東風の貿易風を使ってヨーロッパからアメリカ大陸へ向かい、西風の偏西風を使って戻ったのです。現代の飛行機も、この風をうまく利用して飛んでいます。東京からニューヨークへは、偏西風の中でも特に強いジェット気流をとらえて飛び、東京へ戻るときは強い西風をなるべく避けて進みます。ただ冬は偏西風が強まるので、行きと帰りの時間差は2時間にもなります。

偏西風は、ヨーロッパでは風力発電に役立っています（写真4）。デンマークは電力の32％を風力が担っています。またオランダの国土も偏西風のたまものです。海からの風を生かした風車で海水を汲み出すことで、国土の4分の1にもおよぶ干拓地、**ポルダー**をつくり出しました。人は昔から、風とうまく付き合ってきたのですね。

行きと帰りで時間が違う！

地球規模での風の流れ、大気大循環がある
↓
亜熱帯高圧帯から高緯度へ吹く偏西風がある
↓
偏西風の中で特に強いジェット気流がある
↓
行きはジェット気流に乗り、帰りは逆風の中を戻るので、行きと帰りで時間が違う

写真 1　ロンドンの公園で日光浴をする人たち（ハイドパーク）
夏でも霧がよくかかるので、貴重な晴れ間には市民が公園で日光浴を楽しみます。

2

海流と風

ロンドンの冬は なぜ暖かい？

海流が変わると気候が変わる

イギリスの首都ロンドンは北緯 52 度にあります。北緯 52 度といえば、北海道よりはるかに北です。でもロンドンの冬は北海道よりずっと暖かです。ロンドンの冬はなぜ暖かいのでしょうか。

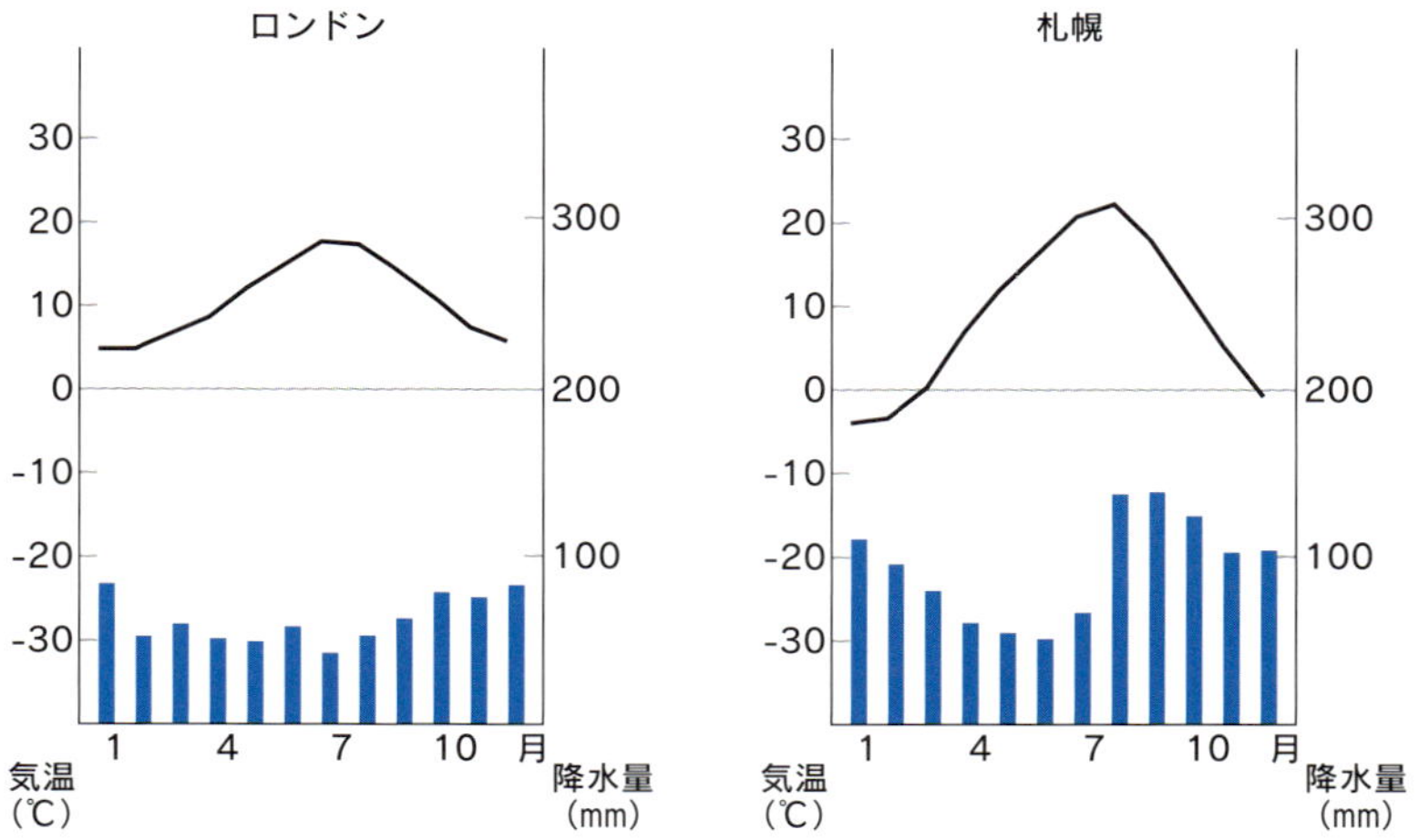

図 1　2都市の気温と降水量の比較（「理科年表」を参考に作成）
折れ線で表した気温を見ると、札幌はロンドンより、冬は寒く夏は暑いことがわかります。

1 過ごしやすいロンドンの気候

ロンドンは田園都市です。市街地をぐるっと取り囲むように緑地帯が設けられ、その緑地帯が市街地の際限ない拡大を防いでいます。新たな町は、緑地帯の外側の田園地帯につくられました。田園地帯の町は、人が暮らす場であるとともに、職場でもあります。郊外のニュータウンから大都市の都心に通勤する人が多い日本の状況とはだいぶ違いますね。このような**市街地、緑地帯、郊外の田園地帯とニュータウンを同心円状に配置**したのは、**大ロンドン計画**という都市計画に基づくものです。

この緑地帯が、ロンドンの冬を暖かくしているのでしょうか。確かに緑地帯は人の心を温めますが、暖かい冬をもたらす原因は他にあります。**図1**を見てください。これはロンドンと札幌の気温と降水量を比べたものです。冬に、札幌では0℃以下になりますが、ロンドンでは4℃くらいです。夏には、札幌では20℃くらいまで上がりますが、ロンドンではそこまで上がりません。つまり、**ロンドンは1年間での気温の差が小さい**といえます。1年間での差のことを**年較差**といいますが、この気温の年較差が小さいことで、ロンドンは温和で過ごしやすい気候に感じます。緯度は高いのに温和な気候なのはなぜでしょうか。

2 札幌の冬が寒い理由

ロンドンは暖かいといいますが、札

写真 2　札幌近郊の山（羊蹄山）
北海道では日本海側から吹く季節風の影響で、雪の日が多くなります。羊蹄山の麓のニセコは近年、パウダースノーを求める外国人に人気のエリアとなっています。

幌が異常に寒いともいえます。なぜ札幌の冬は寒いのかをまず考えてみましょう。**図 1** の札幌の降水量を見てみると、夏より冬の方が多いことがわかります。これは雪です。札幌は一冬に累計で５ｍも雪が降りますが、**人口１００万都市でこれほど雪が多いところは世界中で他にありません。**この雪が多い理由を考えると、札幌の冬が寒い原因につながります。

北海道は冬、北西から風が吹きます。時には吹雪となり、空と雪面との境界もわからなくなることもあります。この状態をホワイトアウトといいますが、こうなると動くのは危険です。**写真 2** はその合間に撮ったものです。この北西の風は、ロシアのシベリアから吹いてきます。シベリアには冬、強力な高気圧ができるので、この高気圧から冷たい風が吹き出すのです。**シベリアのオイミャコンは、人が住む集落としては世界の最低気温マイナス67・**

写真 3　寒風に吹かれて凍る海（ロシア）
シベリアから海に向かって吹く冷たい北西季節風で、筋状の雲ができるとともに、海水の表面が凍りはじめています。

8℃を記録したところで、世界の**寒極**とよばれます。シベリアになぜ高気圧ができるかといえば、シベリアはごく低温になるので空気が重くなり、上空から空気がどんどん下りてきて空気の圧力が増えるからです。

シベリアから吹き出した風はどこに向かうのでしょうか。それは、気圧が低い海です。海水は大陸ほど早く冷えないので、冬の海水は大陸より温かです。すると上昇気流が起こって、海上に低気圧が発生します。こうして日本列島はシベリアの高気圧と太平洋の低気圧に挟まれて、北西からの風が吹くのです（**写真 3**）。このように季節によって吹く向きが変わる風を**季節風**といいます。

シベリアから吹き出す風は乾燥しているので、そのままでは雪を降らせません。雪を降らせるには湿気が必要です。シベリアからの風がどこで湿気を含むかというと、日本海です。日本海

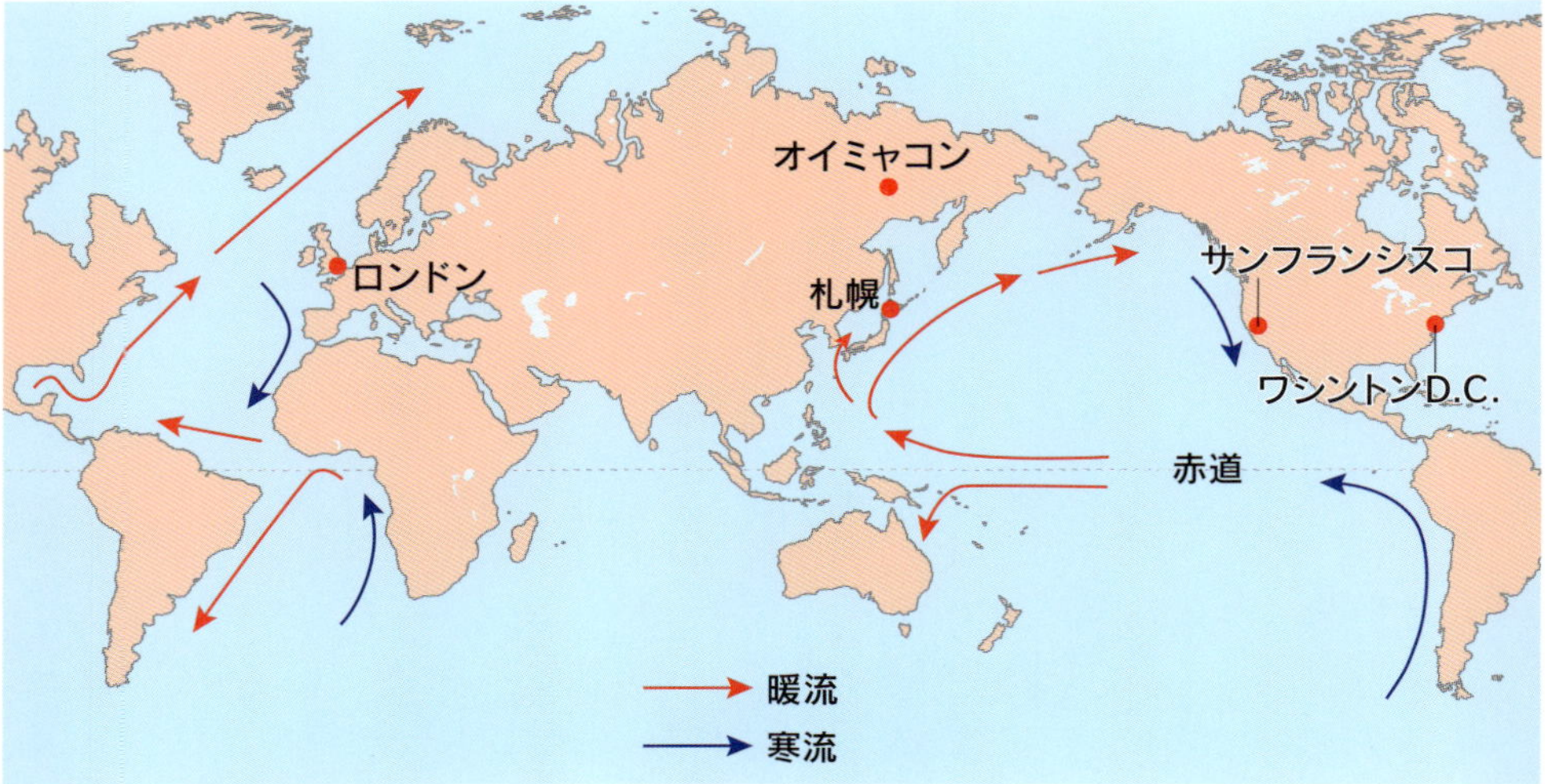

図 2　海流の大まかな流れ
海流の流れ方は、太平洋や大西洋など大きな海では北半球で時計回り、南半球で反時計回りとなります。こうした地球規模での共通性が、世界各地の気候に影響を与えています。

写真 4　スコットランドの放牧場
イギリスでは夏でも高温とならないため、農業より牧畜がさかんです。

には対馬海流という暖流が流れていて、そこで湯気が発生して空気が湿ります。湿った空気は、**日本列島にぶつかって山を越える時に雪雲を発生させ、日本海側に雪を降らせる**のです。札幌では12月から3月まで根雪に覆われ、寒々しい風景です。

3 ロンドンの冬が暖かい理由

ロンドンの冬はどうでしょうか。札幌の例で見たように、気候は風によって影響を受けていることがわかりましたので、ロンドンでどんな風が吹いているかを考えてみましょう。北緯52度付近は、常に西風が吹いている偏西風の地帯です。イギリスの風上側には海しかありません。冬の海は温かいのでしたね。さらにこの海には、北大西洋海流という暖流が流れています。この**暖流の上を通ることで空気が暖められ、その暖かい空気がイギリスに吹き**

つけるのです。暖かい空気に包まれて、ロンドンの冬は暖かいのです。

この偏西風の影響は、夏もあります。夏には海水は大陸より冷たいままです。**水は地面より温まりにくく冷めにくい性質がある**からです。夏には冷たい海水で冷やされた偏西風がロンドンに吹きつけるので、日本ほど気温が上がりません。さらに偏西風は北大西洋海流の上を通るときに湿気を含むので、イギリスには霧がかかることが多く、ロンドンは**霧の街**とよばれます。

このように見てくると、ロンドンの年較差は小さく、札幌の年較差は大きいという違いは、ユーラシア大陸の西岸と東岸の違いを典型的に表しているといえそうです。大陸西岸では偏西風の風上に海があるのに対し、大陸東岸では風上に大陸があるために、年較差の小さい**西岸気候**と、年較差の大きい**東岸気候**ができるのです。

この傾向はユーラシア大陸だけではなく、他の大陸にも当てはまります。これは、偏西風の吹き方だけでなく、**海流の流れ方にも地球規模での共通性がある**からです。海流は、低緯度から高緯度に向かって暖流、反対に高緯度から低緯度に向かって**寒流**が流れることで、地球規模で熱の交換をしています。その流れる向きは、赤道付近で貿易風に吹かれて西向きに流れ、大陸にぶつかると向きを南北に変えて、緯度が上がると偏西風に吹かれて東向きに流れます。つまり北半球では時計回り、南半球では反時計回りになるのです（図2）。

これでロンドンと札幌の気候の違いがわかりました。アメリカ大陸で考えてみても、西岸気候のサンフランシスコと東岸気候のワシントンDCでは気候が大きく違います。住むなら**一年中穏やかな大陸西岸**がいいか、それとも**四季の変化を楽しめる大陸東岸**がいいか、悩むところですね。

ロンドンの冬はなぜ暖かい？

気温の年較差は、札幌で大きく、ロンドンで小さい

↓

ロンドンで年較差が小さいのは、大陸の西岸に共通した特徴

↓

これは偏西風の風上が海だから

↓

海は冬に温かく、暖流も流れている

↓

暖かい偏西風が海から吹いてくるので、ロンドンは穏やかな気候になる

写真 1　紅葉した森（北海道大雪山）

3

ケッペンの気候区分

日本の森は なぜ美しい？

外国人も絶賛する美しさの秘密

春の新緑、夏の深い緑、秋の紅葉、冬の雪景色。日本の森は1年を通して移ろいます。この風景を求めて外国人観光客も増えています。日本の森の美しさの秘密は何でしょうか。

写真 2　パプアニューギニアの森（ウィルヘルム山）
1年を通して葉を落とさない常緑広葉樹が主体です。

1 外国人が絶賛する日本の森

日本は森の国です。森はどこにでもあり、めずらしいものではありません。夏は葉が茂り、冬は葉を落とす1年のサイクルも、ごく自然のことです。ところが、そんな自然の風景を求めて、外国人観光客が押し寄せています。2012年に800万人だった訪日外国人は、2018年には3000万人を超え、わずか6年で4倍に増えました。特にアジア地域からが多く、台湾からは1年間で450万人と、台湾住民の5人に1人が日本を訪れた計算になります。

外国人に人気の場所はどこでしょうか。緑深い白神山地、紅葉の京都、冬の北海道などがあるでしょう。どこも日本の四季を感じられる風景です。このような風景になぜ惹かれるかといえば、東南アジアや台湾の人は四季のな

写真 3　北海道の森（阿寒）
葉が針状の針葉樹が主体です。

い自然の中で暮らしているからです。**日本のような四季のある自然は、世界では特別**なことなのです。では世界の自然の風景は、日本とどう違うのでしょうか。

2 樹林のある風景

日本は69%が森です。国土の中で森の割合がこれほど高い国は、ごくわずかしかありません。森林率が日本より高い国にフィンランドやパプアニューギニアがありますが、これらの国と日本の森が違う点は、1年周期で葉を落とすか落とさないかです。つまり**日本の森は、新緑と紅葉があるのが特徴**となっています。ひとくちに森といっても、さまざまな違いがあるのです。その違いに注目して、世界の気候を五つに分類したのがドイツの気候学者ケッペンです。

ケッペンはまず、樹林があるかない

写真 4　ツンドラの風景（スウェーデン・ノルウェー国境）
短い夏には雪が融けて、背丈の低い木や草が生えます。土はほとんどなく、岩がむき出しになっています。写真中に見られる列車は、P.21 で出てきたキルナからナルビクへ鉄鉱石を運ぶ貨物列車です。

かに注目しました。樹林があるといっても、先ほど見たように樹林にはさまざまな違いがあります。例えば**写真 2**のパプアニューギニアでは、1年を通して葉が落ちない常緑広葉樹が広がります。いわゆるジャングルです。樹木が葉を落とさないのは、1年を通して気温が高いためです。ここに、最も寒い月でも18℃以上という線引きをします。このように、**最寒月の気温が18℃以上**を一つのグループとし、これを**熱帯**とします。ただし熱帯の中でも、ある時季だけ雨が極端に少なくなる地域があり、そこでは樹木は一時的に葉を落とすので、熱帯がすべて常緑広葉樹林というわけではありません。いずれにしても、一年中暑い地域が熱帯です。

次のタイプの樹林が、日本の多くの地域に広がる落葉広葉樹です。春に芽吹き、秋に紅葉して葉を落とす、私たちにとってなじみのある樹木です（**写真 1**）。樹木にとって冬は成育に厳し

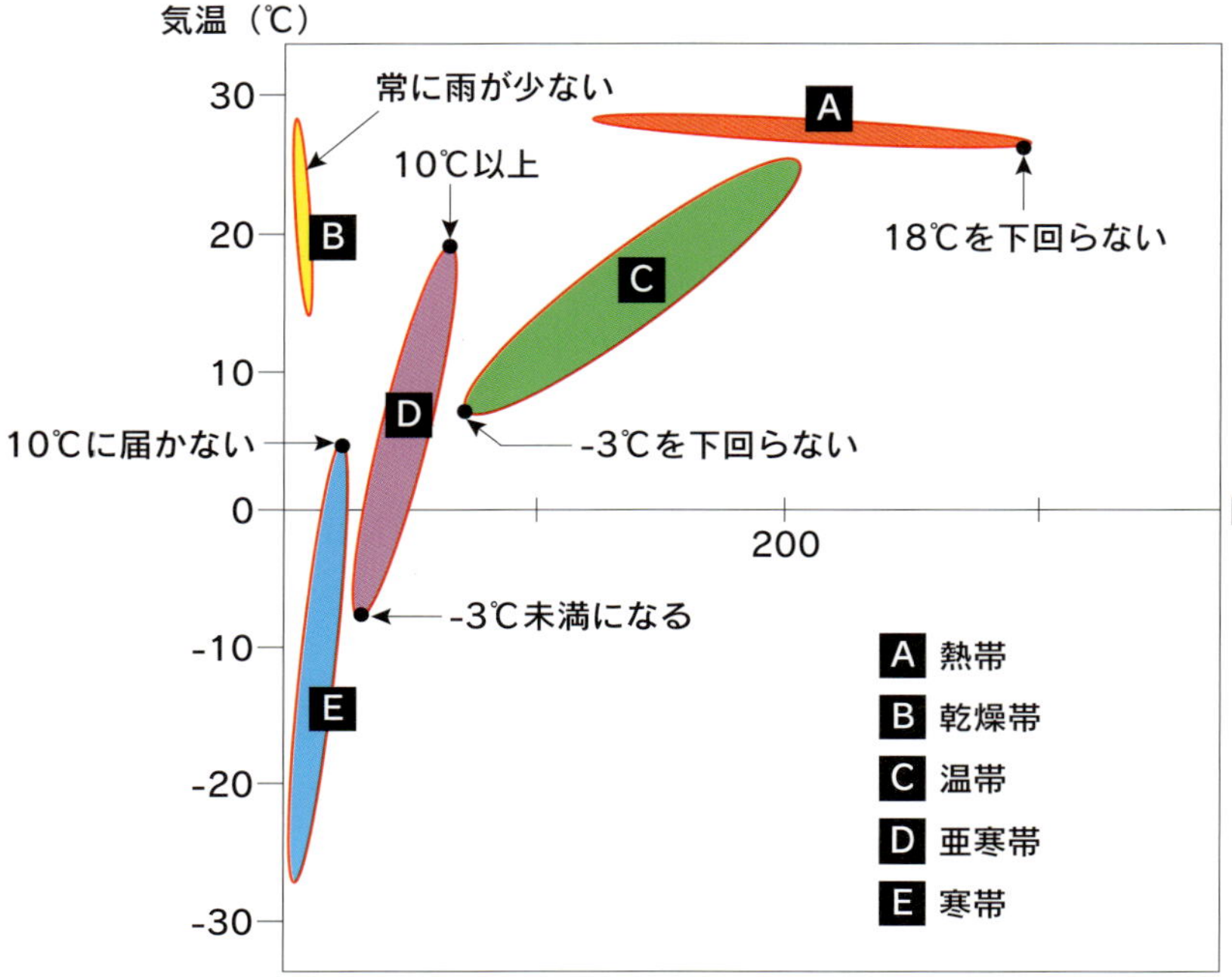

図 1　五つの気候帯ごとの特徴
月ごとの気温と降水量の点を結んだもので、**ハイサーグラフ**といいます。この図に示した５本の線は次の都市の値を大まかに表しました。
A: シンガポール、B: カイロ、C: 東京、D: モスクワ、E: アラスカのバロー。

い季節なので、葉を落として休眠します。休眠していても、ある限界よりも寒くなってしまうと樹液が凍ったりして枯れてしまうので、落葉広葉樹の分布には、冬の寒さに限界があります。ここに、最も寒い月でも-3℃以上という線引きをします。このように、**最寒月の気温が-3℃以上で、かつ18℃未満**を一つのグループとし、これを**温帯**とします。

それより寒い地域では、低温に強い針葉樹の森となります。針葉樹の葉は尖っているので、水をあまり必要とせず、低温でも凍りにくいのです。フィンランドの森はこれですし、日本でも北海道は、**写真 3**に示したように針葉樹林帯となります。針葉樹は確かに寒さに強いのですが、成長するために夏にはある程度の気温が必要です。そこで、最も暖かい月が10℃以上という線引きをします。このように、**最寒月の気温が-3℃未満でかつ、最暖月が10℃**

以上を一つのグループとし、これを**亜寒帯**とします。**冷帯**ともいいます。
ここまで見てきたように、樹木のある地域は熱帯、温帯、亜寒帯（冷帯）の三つの気候に区分しました。次に樹木のない地域を見てみましょう。

3 樹林のない風景

樹木がない地域と聞いて、どんな風景を想像するでしょうか。砂漠でしょうか、南極でしょうか。どちらも正解です。樹木は、水がないと生きられませんし、寒すぎてもだめです。水がないために木が生えない地域は**乾燥帯**、寒すぎて木が生えない地域は**寒帯**です。

乾燥帯になる限界の降水量は、その地点の気温によって異なるので一概にはいえませんが、だいたい年間500～750㎜といえます。つまりこの降水量を下回ると乾燥帯です。**乾燥帯では、樹木も草も生えない砂漠や、草だけ生えているステップとよばれる草原の風景**となります。

寒帯は、亜寒帯よりもっと寒いところです。南極のように一年中、雪と氷に覆われた雪氷地帯や、短い夏には背の低い植物が生えるだけのツンドラ地帯（**写真4**）もあります。いずれにしても、**1年を通して寒く、最暖月でも10℃を超えない地域が寒帯**です。このような地域では農業もできず、人間の生活は厳しいところです。

ここまでに出てきた五つの気候帯の温度条件はやや複雑なので、**図1**に整理しました。ただ、細かい数値まで覚えることはありません。大切なのは、地球上のどこにどのような気候が分布するのかということです。地球上での分布は、大まかに見ると**東西に帯状に配列**します。ケッペンが各気候帯につけた記号とともに並べてみると、赤道付近から両極に向かって熱帯（A）→乾燥帯（B）→温帯（C）→亜寒帯（D）→寒帯（E）となります。ただし南半球にはD気候はありません。このAからEの記号は、地理での公用語のようなものですから、使えると便利です。

日本の森が美しいと感じるのは、ほどほどのやさしさと厳しさを持った気候に適応して生きる、けなげな樹木の姿に出会えるからなのですね。

日本の森はなぜ美しい？

世界は熱帯から寒帯まで5気候帯に区分できる
↓
世界には四季のない国もある
↓
日本には、はっきりした四季がある
↓
日本は、季節によって風景が変わるから美しい

写真 1　ジャングルに住むサル（タンザニア）
オナガザルの一種ゲレザ。木の上で暮らします。

ジャングルには なぜ動物が多い？

ナゾ深き熱帯の森

チンパンジー、ゴリラ、ヒョウなど、**ジャングル**には多くの動物が住んでいます（写真 1）。昆虫や微生物も合わせると、その数は計り知れません。ジャングルにはなぜ動物が多いのでしょうか。

写真 2　熱帯のラトソル（パプアニューギニア）
赤色で、栄養分に乏しい土壌です。

1 熱帯の森が豊かな理由

ジャングルはナゾの森です。ジャングルに住む動植物の種類は、地球上のすべての動植物を合わせた数の半分以上を占めます。まだ発見されていない種も無数にあり、人間にとっては謎の多い世界といっていいでしょう。

これほど多くの生物が息づくのはなぜでしょうか。それは、**太陽と雨に恵まれている**からです。光と水があるので多くの植物にとって生育しやすく、その豊富な植物が光合成をして作った炭水化物を動物が食べるので、動物もたくさん生きられます。このようなジャングルが広がる地域は1年を通して気温が高く、降水量が多い気候で、熱帯の中でも**熱帯雨林気候**といいます。ケッペンの気候区分では**Af**です。

熱帯雨林気候に広がるジャングルは、どんな特徴があるでしょうか。ジャ

写真 3　サバナの野生動物（ケニア）
朝もやの中、ライオンの親子がアフリカスイギュウを狙っています。

ングルとはアジアやアフリカでの呼び方で、南アメリカでは**セルバ**といいます。ジャングルもセルバも、まとめて**熱帯雨林**といいます。熱帯雨林は、多種類の常緑広葉樹からなる森です。人が立ち入るのも難しい密林となっていることが多いです。多くの植物がひしめき合うので、土地は豊かで人が畑をつくるのは簡単だと思われがちですが、実は違います。意外にも、**土壌は栄養分が少ない**のです。これは、植物そのものが栄養分を吸い上げ尽くしてしまったり、強い雨が栄養分を流し去ってしまったりするからです。残った土壌には鉄分が多く含まれていて、その鉄分が酸化するので赤みがかった土壌になります。この赤色土を**ラトソル**といい、熱帯には広く分布しています（**写真 2**）。

肥沃度が低いラトソルの森を人が切り開いて畑をつくろうとするとき、どうすればよいでしょうか。そのままで

写真 4　スコールで冠水した道（フィリピン）
スコールが1日に何回もあり、そのたびに道路は水浸しになります。水たまりは子どもたちの遊び場です。

は栄養分が少なく作物が育たないので、**森を焼いてその灰を肥料にします。**木には栄養分が蓄えられているので、その灰も良質な養分を含んでいます。ただ、その灰の肥料の効果は2～3年しかもたないので、2～3年耕作したら、集落ごと移動して、また別の森を焼いて耕します。この方法を**焼畑農業**、または移動農法といいます。焼畑農業は、森が十分に育ってから焼くために、さまざまな成長段階の森が地域に混在することになり、**生物多様性を育む自然と調和した農業**です。

2 乾季のある熱帯

森を一歩出てみましょう。そこには草原が広がり、**写真** 3 のように多くの野生動物が暮らしています。ヌーやシマウマは草食動物なので、食べ物に困りません。その草食動物を、ライオンやチーターが狙っています。草原は人

写真 6　ゴムの木のプランテーション農業（マレーシア）
天然ゴムはイギリス植民地時代にタイヤの原料として生産されました。現在は合成ゴムに移行し、天然ゴム農場は油ヤシに変わりつつあります。

写真 5　油ヤシのプランテーション農業（マレーシア）
熱帯雨林を切り開いて造った農場が広がります。油ヤシは、果実から採れるパーム油が洗剤や食用になるほか、バイオ燃料としても使われます。

の背丈を超えるほど成長するので、草食動物は身を隠すのに都合がいいのです。

この草原は、なぜ人の背丈を超えるほども成長するのでしょうか。成長するのは雨が多い時季、つまり雨季があるからです。雨季があるということは、雨の少ない乾季もあります。この乾季があることで、熱帯雨林は育ちません。木は、乾燥に強いアカシアなどがまばらに立っているだけです。肉食動物は、よくこの木に登ってあたりを見渡したり、休んだりしています。このように、背丈の高い草原の中に樹木が点在する景観をサバナといいます。**サバナは、雨季と乾季がはっきりしている地域**に広がっています。このサバナが広がる地域を、サバナ気候といいます。ケッペンの気候区分ではAwです。

サバナ気候では、なぜ雨季と乾季があるのでしょうか。これは、熱帯収束帯と亜熱帯高圧帯に交互に覆われるためです。サバナ気候のバンコクでは、**夏は熱帯収束帯の影響で雨季、冬は亜熱帯高圧帯の影響で乾季となります。**熱帯収束帯は、太陽とともに夏には北半球側に移動してきてバンコクに雨を降らせるのです。いま、夏と冬といいましたが、バンコクなど熱帯では気温は年間を通してほとんど変わらないので、夏と冬という表現は正確ではありません。そこで太陽高度の高い時期を高日季《こうじつき》、太陽高度の低い時期を低日季《ていじつき》とよびます。高日季に雨季、低日季に乾季となるわけです。

サバナほどはっきりした雨季と乾季

がない地域の気候は、**熱帯モンスーン気候**といいます。季節風のことをモンスーンといいますが、このモンスーンが海から水蒸気を運んできて、雨を降らせるのです（**写真4**）。ケッペンの気候区分では**Am**です。Amに広がる森は、雨が降ると緑になるので、**雨緑林**とよばれます。雨緑林は乾季には落葉するので、熱帯雨林のように樹冠が何層もある複層構造にはなっていません。

AwやAmの地域では、**雨季の雨を利用して農業ができます**。特にアジアでは稲作がさかんで、昔から多くの人口を養える地帯となっています。稲は小麦やイモ類と比べて、少ない耕作面積で多くの人を養うことができる優れた食糧なのです。この農業地帯が近年、大きく変わりつつあります。どのように変わっているのでしょうか。

3 変わりつつある農村の風景

熱帯で行われている稲作や焼畑農業は**自給的農業**です。自給的農業とは、自分で食べるものを作る農業のことです。自分で食べる分だけを作るので、自然を大きく変えることもなく、**持続可能な農業**です。ところが近年、**写真5 6**のように商品として売るための作物を作る畑が増えてきました。このような作物を**商品作物**といいますが、商品作物を大規模に生産する農業を**プランテーション農業**といいます。作物としてはバナナ、油ヤシ、ゴム、カカオ、サトウキビ、コーヒーなどです。

このプランテーション農業のために、熱帯の森が伐られています。確かに地元の農民にとっては生活のためですから、一方的に批判することはできません。しかし**熱帯林の伐採は、生物多様性や伝統文化を守る上で大きな問題**です。この問題を解決するのは簡単ではありませんが、輸入バナナをスーパーで買うとき、狭くなりつつある熱帯林で暮らす動物たちに思いを巡らせることからはじめてみてはいかがでしょうか。

ジャングルにはなぜ動物が多い？

ジャングルは植物が豊富でエサも多いから

↓

1年を通して高温多雨だと熱帯雨林ができる

↓

乾季があると草原のサバナになる

熱帯は熱帯雨林気候（Af）、熱帯モンスーン気候（Am）、サバナ気候（Aw）に区分できる

写真 1　砂漠の集落で暮らす人々（モロッコ）
共同の井戸に水を汲みに来るのが、女性や子どもの日課です。

5
乾燥帯の自然と生活

人間はなぜ砂漠に住む？

シルクロードはオアシスロード

砂漠にも昔から集落があり、人々の暮らしがあります。サハラ砂漠の一角に興った古代エジプト文明の例もあります。暮らしにくそうな砂漠に、なぜ人間は住むのでしょうか。

写真 2　パタゴニアの草原（チリ）
乾燥した大地で野生のビクーニャが草を求めて歩き回ります。

1 砂漠はどこにある？

砂漠は死の世界です。日中は気温が40℃を超える一方、夜には0℃まで下がることもあります。こんな住みにくい砂漠にも、**写真 1** のように人々の暮らしがあります。砂漠はどこにあり、どんな暮らしが営まれているのでしょうか。

そもそも砂漠とは、どんな気候でしょうか。砂漠は、気候帯でいうと乾燥帯に入ります。**乾燥帯は世界の陸地の4分の1以上を占め**、最も広い気候帯です。年間の降水量がおよそ750mmよりも少ないと樹林は生えず草原になり、さらに250mmよりも少ないと砂漠になります。この草原が広がる地域を**ステップ気候（BS）**、砂漠が広がる地域を**砂漠気候（BW）**と区分します。

砂漠は世界のどこにあるでしょうか。**図 1**（P.103）に示した他にも大小

写真 3　家のかまどで食事を作る女性（モロッコ）
イスラム教徒のベルベル人女性が、土を固めて作ったかまどでパンを焼いています。部屋は40℃以上にもなり、重労働です。

さまざまな砂漠があります。これらの砂漠は、できた原因によって次の四つに分類できます。一つ目は**回帰線砂漠**です。回帰線砂漠とは、南北の回帰線付近にできる砂漠のことで、**サハラ砂漠**がその例です。回帰線付近は1年を通して亜熱帯高圧帯に覆われるので、雨が降りません。二つ目は**内陸砂漠**です。内陸砂漠とは、大陸の内部にできる砂漠のことで、**ゴビ砂漠**がその例です。大陸の内部は海からの湿った空気が届かないので雨が降りません。三つ目は**海岸砂漠**です。海岸砂漠とは、寒流が沿岸を流れる海岸付近にできる砂漠のことで、**アタカマ砂漠**や**ナミブ砂漠**が挙げられます。寒流の流れる海岸付近は、地表近くの空気が冷やされて大気が安定するために雨が降らず、海岸に沿って細長い砂漠ができます。四つ目は**雨陰《ういん》砂漠**です。雨陰砂漠とは、貿易風や偏西風に対して山脈の風下側にできる砂漠のことで、**パタゴニア**がその例です。山脈を吹き下ろす風は常に乾いているので雨が少なく、パタゴニアは写真 2 のように草原となっています。これら四つの成因のどれかに当てはまると、砂漠ができます。

　砂漠の自然はとても厳しく、人間は敵いません。そこで人々は、厳しい自然に適応して生きています。どのように適応しているのでしょうか。

2　砂漠ではどんな暮らし？

人が生きていく上で、絶対になくて

写真 4　地下水路（モロッコ）
山腹の水場から集落まで延びています。水路を地下にするのは蒸発を防ぐとともに、砂が混じるのを防ぐためです。

はならないものは何でしょうか。**写真3**のように衣服、食べ物、家などいろいろ考えられると思います。なかでも、それがないと1日たりとも生きていけないものといえば、**水**でしょう。私も探検中、水を求めて死ぬ思いで歩き回ったことがあるので、よくわかります。

　砂漠の暮らしでも、この水がカギとなります。砂漠に水とは奇妙な感じもしますが、砂漠でも水を得られるところがあります。どんなところでしょうか。例えば川沿いです。雨の多い上流部から流れてきて、砂漠を突き抜けて流れる川を外来河川《がいらいかせん》といいますが、その**外来河川沿いでは、水を使って農業もできます**。古代エジプト文明は、ナイル川の水があってこそ栄えたのです。川があれば船を使って交易もできますし、川が氾濫すると栄養分を残していくので土地が肥沃となって、都市や農村が発達します。「エジプトはナ

写真 5　塩性化した土地（オーストラリア、グレードビクトリア砂漠）
白い部分が、塩類の集積した土地です。乾燥帯では自然に土壌の塩性化が起こります。

イルの賜」といわれるゆえんです。

　砂漠で水が得られるもう一つの場所は、山脈の麓や、窪地です。このようなところには地下水が湧くので、湧き水や井戸から水が得られます。水のあるところから集落まで**写真 4**のような地下水路を使って水を引くこともあります。この**地下水路**は、イランでは**カナート**とよびます。こうして得た水でナツメヤシを栽培します。ナツメヤシは果実を食用に、葉や幹を建材にと、無駄なく使える有用な樹木です。

　このような河川水や地下水が得られるところを**オアシス**といいます。**オアシスには集落が発達するので、これらを結んで交易の道ができました。**東洋と西洋を結ぶ長大な道は、主に絹が中国からヨーロッパに運ばれた絹の道、つまりシルクロードです。その道順を見てみると、天山《テンシャン》山脈やクンルン山脈の山麓に沿って延びています。

　オアシスは砂漠の中にあって、旅人を癒やす豊潤な地ですが、そこでの暮らしには足りないものがあります。それは肉です。肉は、**遊牧民**が市場に持ち込むものに頼ります。遊牧民とは、牧草を求めて家畜とともに住居を移動する生活をする人たちです。移動しやすいように住居は簡易型のテントを用い、これをモンゴルでは**ゲル**とよびます。

　この遊牧生活やオアシスでの農業など、砂漠での生活はもともと自然に適応したものでした。ところが近年、急速に変化しています。どのように変化しているのでしょうか。

3 砂漠の暮らしはどう変わってきた？

　アフリカや西アジアでは現在、人口が急増しています。その人口を養うため、オアシスでは灌漑《かんがい》施設を造って、**灌漑農業**により小麦や綿花を栽培しています。収穫量を増やすため、**過剰な**

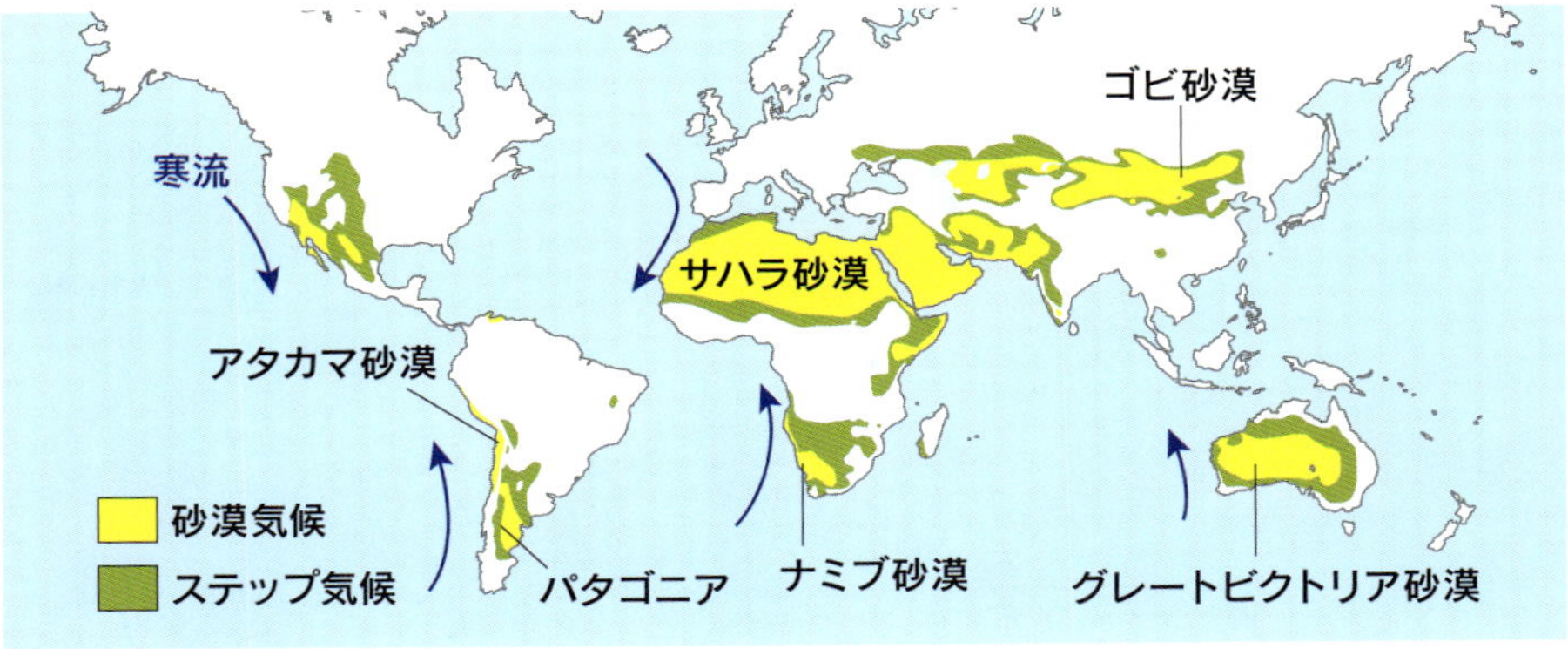

図 1　世界のおもな砂漠

耕作で土壌養分が低下したり、過剰な灌漑で土壌の塩性化が進んでいます。砂漠にまいた水は、地中の塩分を地表付近に置き去りにするので、地表に塩分が集まり、**写真 5** のように作物が育たない土地になってしまうのです。これを**塩害**といいます。

遊牧民も他人事ではありません。荷物の運搬に馬やラクダを使っていたのは昔のことで、今はバイクやトラックを使います。効率がよくなった反面、草が十分育つ前にまた食べ尽くしてしまうので、草も生えない荒れ地、つまり砂漠になってしまいます。塩害や荒れ地化をもたらす**過放牧や過耕作により、砂漠化が進んでいる**のです。

砂漠の民にとっては、砂漠が故郷です。そこがどんなに厳しい自然であっても、故郷に住むのに理由なんてありません。災害列島に住む私たち日本人と同じことです。砂漠の民が砂漠に住み続けられるよう、願うばかりです。

人間はなぜ砂漠に住む？

砂漠には水の得られるオアシスがある

↓

オアシスでの灌漑農業や遊牧で生活している

↓

近年の人口急増で塩害や荒れ地化が進んでいる

乾燥帯はサバナ気候（BS）と砂漠気候（BW）に区分できる

写真 1　道ばたのテラス席でパンを食べる人たち
（フランス、パリのシャンゼリゼ通り）

フランス人は なぜパンが好き？

主食の違いは歴史もつくる

パリの朝。焼きたてのフランスパンを買う人たちや、テラスでパンとカフェオレを囲む人たちが繰り出します（写真 1）。米が主食の日本とは違う風景です。フランス人はなぜパンが好きなのでしょうか。

写真 2　オリーブ（スペイン）
オリーブは耐乾性のある樹木なので、地中海性気候の地域で広く栽培されています。果実を塩漬けにした小鉢は食事に欠かせないメニューです。

1 温帯の気候

パン屋さんの朝は早い。暗いうちから仕込みを始めて、7時頃には焼きたてを並べるのが正統派のパン屋です。家庭でもパンとともに、コーヒーに牛乳を入れたカフェオレを飲むのがフランス流の朝食です。フランスでパンやカフェオレが好まれる理由を探るために、ヨーロッパと日本の気候の違いを考えてみましょう。

パリを含むヨーロッパは、日本と同じ**温帯**に属する地域がほとんどです。温帯とは、最寒月の平均気温が18℃より低くなる気候帯ですので、それ以上を維持する熱帯と比べると**四季の変化**が明らかです。また最寒月の平均気温が-3℃以上という条件もあるので、それ以下になる亜寒帯と比べると**温和《おんわ》で過ごしやすい**気候ともいえます。そのため、昔から**人間の活動が最もさかん**

写真 3　牛の放牧（アンドラ）
アンドラの高地には一面の放牧地が広がり、冬はスキーリゾートになります。ヨーロッパでは自然が穏やかなため農地や牧場として開発が進み、原生林はごくわずかしか残っていません。

な地域となっています。現在でも、世界で人口密度の高い地域といえば、日本や中国、インド北部、ヨーロッパ、アメリカ合衆国東部などですが、いずれも温帯です。

この温帯ですが、もっと詳しく見ると**四つの気候帯**に区分できます。ヨーロッパなど大陸の西岸で二つ、東アジアなど大陸の東岸で二つが見られますので、この順に見ていきましょう。

2 ヨーロッパなど大陸の西岸で見られる二つの気候

大陸の西岸で見られる気候の一つ目は、スペインやイタリアなど地中海に面した地域で見られる気候で、**地中海性気候**といいます。記号は**Cs**です。Cは温帯、小文字のsは**夏に乾燥**することを表します。夏には亜熱帯高圧帯の勢力に入るので、雨が少なくなるのです。夏に雨が少ないのは、観光客にとってはうれしいですね。地中海沿岸

写真 4　カレーの食卓（インド、デリー）
主に米ですが､インド西部ではナンを食べることもあります。首都デリーでは、米とナンの両方を食べます。これは稲栽培と小麦栽培の中間地帯だからです。

は、映画祭で有名なカンヌがあるコートダジュール地方など、観光客が長期滞在する**リゾート地**になっています。一方、暑い夏に乾燥すると困るのは植物です。このため**乾燥に強い植物**だけが育ちます。**写真 2**のオリーブや、ブドウなどの**樹木作物**は乾燥に強いので、昔から栽培されてきました。オリーブの酢漬けや、ブドウから造るワインは、食事に彩りを添えてくれますね。でも主食はやはりパンです。パンの原料となる小麦は、冬に降る雨を利用して栽培しています。

大陸の西岸で見られる気候の二つ目は、イギリスやフランスなどヨーロッパに広く見られる気候で、**西岸海洋性気候**といいます。大きく見ればユーラシア大陸の西岸なので、こうよばれます。記号は**Cfb**です。小文字のfは**1年を通して降水がある**こと、小文字のbは最も暑い月でも22℃より上がらないことを意味します。海から吹いてくる偏西風の影響で、冬でも寒すぎず夏も暑くなりすぎない､穏やかな気候です。もともとはブナやコナラなどの**落葉広葉樹**が生育していましたが、農業に適した気候なので農地開発が進み、今では原生林はほとんど残っていません。農地では適度な降水を利用して主に小麦が栽培されていますが、**写真 3**のように**牧畜**もさかんです。特に牛は肉も乳も使えるので、ヨーロッパではよく飼育されています。

写真 5　田植え（水戸市）
稲作には多量の水を必要としますが、その水により地力が維持されます。そのため少ない耕作面積で多くの人を養うことができ、小麦より人口扶養力の高い作物といえます。

3 東アジアなど大陸の東岸で見られる二つの気候

大陸の東岸で見られる気候の一つ目は、インド北部から中国、朝鮮半島に見られる気候で、**温暖冬季少雨気候**といいます。記号は**Cw**で、小文字のwは冬に乾燥することを表します。冬と夏の降水量の差が10倍以上になると、このCwです。冬に乾燥というよりは、**夏に降る雨が極端に多い**といった方が正確です。夏に雨が多くなる理由は、一つは**熱帯収束帯**が北上してくること、もう一つは**季節風**が吹くことです。季節風を**モンスーン**といいますが、モンスーンとはもともと「季節」の意味で、東南アジアでモンスーンといえば、雨の季節のことです。

温暖冬季少雨気候は、夏が雨季なので農業に適しています。**写真 4** のように主食となる米作が中心で、乾季に灌漑をして1年に2回収穫できる地域もあります。同じ作物を2回栽培することを**二期作**といい、違う作物の場合は**二毛作**です。スリランカやアッサムもこの気候区で、インド北東部の水はけのよい斜面を利用した茶の栽培もさかんです。

大陸の東岸で見られる気候の二つ目は、日本や中国南部に見られる気候で、**温暖湿潤気候**といいます。記号は**Cfa**で、小文字のfは1年を通して降水があること、小文字のaは最も暑い月に22℃以上になることを意味します。**夏に高温となり、降水にも恵まれる**ので、樹種の豊富な**温帯混合林**が広がります。温帯混合林とは、常緑や落葉の広葉樹とともに針葉樹も混ざった森林で、生物多様性のある豊かな森です。

温暖湿潤気候の地域は農業がさかんなので、人口が多いです。人口密度は、世界的に最も大きい地域となっています。この莫大な人口を支えているのが、稲です。稲は**写真5**のように水をたくさん必要としますが、その分、**少ない耕作面積で多くの人を養う力**があります。その**人口扶養力**は、小麦の2倍以上あります。稲は、水が養分を運んでくるので毎年同じ土地で連作ができるのに対して、小麦はそれができず土地を休ませる必要があるからです。

このような優れた作物である稲が、ヨーロッパではなぜ栽培されないのでしょうか。それは、降水量が足りないからです。稲が水を必要とする、まさにそのタイミングで、雪融け水や梅雨の降水に恵まれる日本とは違うのです。そこで稲ではなく、**少雨でも育つ小麦を栽培**するのです。そのため主食も米ではなく、**小麦から作るパンやパスタ**となりました。これが、フランス人がパンを好む理由です。コーヒーに入れる牛乳も、農業ができない土地で仕方なく始めた酪農の結果として生まれたものなのです。

日本では稲作ができたおかげで、多くの人を養うことができました。ヨーロッパでは扶養からあふれた余剰人口が自らを養うために海外に**植民地**が必要でしたが、日本ではその必要もありませんでした。気候の違いは、栽培作物や食べ物だけでなく、世界の歴史にも関わっているのですね。

フランス人はなぜパンが好き？

ヨーロッパは日本より降水量が少ない

↓

降水量の少ない気候では小麦栽培が適している

↓

小麦から作られるパンやパスタが主食となった

温帯は大陸西岸に地中海性気候（Cs）と
西岸海洋性気候（Cfb)、大陸東岸に
温暖冬季少雨気候（Cw）と
温暖湿潤気候（Cfa）の四つに区分できる

写真 1　トナカイ（ノルウェー）
草を食べながら移動しています。人はトナカイを大切にしているので、道が占領されたり、庭の花木を食べられても追い払ったりしません。

トナカイはなぜ冬に角《つの》が生える？

寒い地域で暮らす工夫

サンタクロースをソリで引くトナカイ。絵本のトナカイに角があれば、それはメスです。トナカイのメスは、冬に角が生えるのです。食べ物も少ない季節なのになぜでしょうか。

写真 2　北極圏の白夜（スウェーデン）
深夜0時20分に撮った写真です。山肌が夕焼けのように染まったと思ったら、また明るくなっていきました。このような白夜が1ヵ月以上、続きました。

1 トナカイのふしぎな生態

トナカイは雪遊びの達人です。雪深い冬には大きなひづめで雪の森を歩き回り、短い夏には湿地の草原を仲間とともに駆けまわります。人間には住みにくい厳しい自然の中で、トナカイは**写真 1**のように自由に暮らしています。このトナカイのメスは、冬に角を生やします。シカの仲間はふつう、雄しか角を生やしません。しかもその時季は夏です。冬に角を生やすシカは、トナカイのメスだけなのです。この理由を探るために、トナカイが住む寒い地域の気候を見てみましょう。

2 寒い地域の気候とは

寒い地域の気候は、森があるかないかで二つに分けられます。夏に気温が10℃以上まで上がり樹木が生えている

写真 3　永久凍土地帯を流れる川（アラスカ）
水分が地下に浸透しないため、一面の湿地帯となっています。川は自由に蛇行して流れます。

地域は**亜寒帯**、夏でも10℃を下回って樹木が育たない地域は**寒帯**です。亜寒帯は**冷帯**ともいいます。記号は、亜寒帯が**D**、寒帯が**E**です。

亜寒帯の樹木は律儀です。熱帯雨林のような多種多様な複層林《ふくそうりん》とは違い、**木の種類は一律で、高さも一定**です。このような単一樹種からなる針葉樹林を**タイガ**といいます。タイガの樹木は、高さが１００ｍを超えるものもあります。１００ｍといえば、ビルの30階にも匹敵します。なぜこんなに高くなるかというと、貴重な日差しを他の木より多く浴びようと背を伸ばすからです。

背は高くなりますが、土に養分がたくさんあるわけではありません。亜寒帯の土壌は**ポドゾル**という、**白色で栄養分の乏しい土壌**です。なぜ栄養が乏しいかというと、落ちた葉や枝が寒さのために分解されず、地面にそのまま溜まってしまうからです。白色にな

写真 4
サーミ人の住居（ノルウェー）
解体して移動・運搬しやすいよう、簡単な造りになっています。

る理由は、針葉樹の葉は酸性なので土壌も酸性となり、この酸性分が、土に色をつけている鉄分を溶かして流してしまうためです。この作用を**溶脱**《ようだつ》といいます。

このようなポドゾル地域では、農業をするのはむずかしく、せいぜい牧畜か**林業**しかできません。牧畜は、ロシアの西部で酪農が行われていますが、ロシアの東部や北欧では**遊牧**が中心となります。遊牧とは、**エサを求めて家畜とともに住居を移す牧畜**のことで、ロシアの東部や北欧ではトナカイを使います。

ロシアの西部と東部の気候の違いは、1年を通して降水があるかどうかで区別できます。1年を通して降水があるロシア西部は**亜寒帯湿潤気候**（**Df**）なのに対し、冬に降水量が少ないロシア東部は**亜寒帯冬季少雨気候**（**Dw**）です。ロシア東部はシベリアとよばれ、夏は時に30℃以上にもなるほど暑くなるのに対して、冬はシベリア高気圧に覆われて極寒となります。つまり、気温の年較差がきわめて大きいところです。Dfは北アメリカ大陸の北部にも分布しますが、Dwは世界でシベリアにしか出現しません。

3 寒帯の気候

寒帯の四季は極端です。夏には太陽が一日中沈まない**白夜**《びゃくや》の季節となります。**写真 2**は北極圏の真夜中12時過ぎのようすです。夜でも明るいので私は一晩じゅう山を歩いていましたが、1ヵ月もいると星空が恋しくなりました。そんな明るい夏とは反対に、冬は太陽がまったく昇らない**極夜**《きょくや》となる真っ暗な季節です。これでは樹木は育ちません。寒帯では、**写真 3**のように地面は一年中凍っている**永久凍土**とな

写真 5　トナカイの角（スウェーデン）
角が道しるべに使われています。

ります。

寒帯の定義は夏の最暖月が10℃未満ですので、基本は雪と氷に覆われた地域です。しかし夏に0℃以上になる地域では、地面に草やコケが育ちます。このような植生の景観を**ツンドラ**といい、この景観が広がる気候区を**ツンドラ気候**といいます。記号は**ET**です。

一方で最暖月でも0℃を上回らないとなると、夏でも雪が融けません。南極を想像するとよいでしょう。これは**氷雪気候**といい、1年を通して**大陸氷河**に覆われています。記号は**EF**です。南極大陸は氷の厚さが3000m以上のところもあり、まさに雪と氷の世界です。

人は、氷雪気候では南極観測基地のような特別に作られた環境でしか生活できませんが、ツンドラ気候では**トナカイの遊牧やアザラシの狩猟で生活している民族**がいます。北アメリカのエスキモーや北欧のサーミ人が有名です。エスキモーは、カナダではイヌイットとよばれます。遊牧で使われる移動式住居を**写真4**に示しました。これらの北方民族にとって、トナカイは有用な家畜です。乳や肉を食するほか、皮は衣服や建材に、骨や角は食器や薬に、さらに移動の際の荷物運びにも使えます。立派な角を、**写真5**のように道しるべに使っているのも見ました。一方、トナカイたちにとっても、夏のツンドラは住みやすいところです。ツンドラには**写真6**のように実をつける低木が生えていて、その実をエサにします。高い木がないので眺めがよく、天敵のオオカミを警戒できます。

写真6　クロマメノキの実（ロシア）
地面にはいつくばるように生えますが、木です。

　このトナカイにとって、手ごわい敵は冬です。ツンドラ地帯は雪に覆われてしまうため、針葉樹の森に入ります。この森も雪に覆われていますので、食べ物は雪の下にある草や木の根です。この**雪の下のエサを掘り出さないと、乳飲み子を連れた母トナカイは生きていけません**。そこで、雪を掘れるようにメスにも角が発達したのです。ふつうのシカではメスには角がないのにトナカイのメスには角があり、さらにオスは他のシカと同じように春に生えるのにメスは冬に生えるのはこのためです。

　このような進化のおかげで、トナカイは雪の中で生きることができます。この特性を生かして、北方の遊牧民はトナカイとともに暮らしています。サンタクロースもきっと、トナカイとともに暮らす遊牧民なのでしょうね。

トナカイのメスはなぜ冬に角が生える？

トナカイは、夏はツンドラ、冬はタイガに住む
↓
食べ物は、夏は木の実だが冬は雪の下の草や木の根
↓
雪を掘るのに角が必要
↓
ツンドラは寒帯の ET、タイガは亜寒帯に分布

寒い地域は亜寒帯と寒帯に分けられ、亜寒帯は Df と Dw、寒帯は ET と EF に区分できる

写真 1　赤道の国にある雪の山（エクアドル）

8

高山帯の自然と生活

赤道の国に雪が降る!?

山の上での常春《とこはる》の暮らし

赤道の国といえば暑いイメージです。ところが赤道の通るエクアドルやケニアでは、写真 1 のように雪が降るところがあります。赤道に雪とは、いったいどんなことになっているのでしょうか。

写真 2　ワニ（ケニア）
高山帯の麓の草原地帯は、野生動物の世界です。

1 赤道の国の雪景色

　ワニが輪になる。そんな絵本がありましたが、ワニが輪になるほどウヨウヨいる川は本当にあります。**写真 2** の状況を私はケニアで見ました。水面からギョロッと出た目がたくさん、川を渡るヌーを狙っています。ヌーは川岸で立ち止まってようすをうかがいますが、後から後からくる隊列に押し出され、意を決して水に入っていきます。大人についてピョコピョコ泳ぐ幼いヌーが、ワニの餌食です。これはケニアの熱帯草原、つまりサバナでのことです。

　このようなサバナで繰り広げられる命のドラマにも目を見張りましたが、私はサバナの向こうの雪のベールにも釘付けでした。その山は、**写真 3** に示した、アフリカ最高峰のキリマンジャロ山です。

　キリマンジャロ山は、緯度が南緯3度と、ほぼ赤道直下にあります。赤道直下といえば熱帯になるのがふつうです。ところが、**標高の高い山では気温が低く、雪が降る**のです。南アメリカのエクアドルでも同じ経験をしました。エクアドルは、国名が「赤道」を意味するとおり赤道直下ですが、やはり高い山の上は白い雪の世界でした。雪の世界になるのは、1年を通して気温が低いからです。

　こんな高い山の上にも、**高山都市**や農村があり、人の暮らしがあります。日本でいったら富士山の高さです。そんな不便なところになぜ人が住んでいるのでしょうか。

写真 3　キリマンジャロ山（タンザニア）
標高 4000 mを超えると森林帯を出て草原となります。
標高 5000 mを超えると砂礫地や雪氷帯となります。

2 高い山の上になぜ人が暮らす?

高い山の上は、そもそもなぜ寒いのでしょうか。二つ理由があります。一つ目は、**高いところは地面が少ない**からです。気温が上がるしくみは、太陽が地面を温め、その熱が空気を暖めるというものです。だから高い山の上ほど気温が低くなります。その割合は、標高が100m上がるごとに0.65℃ずつ気温が下がります。この割合を**気温の逓減率**《ていげん》といいます。これとは別に、二つ目の理由として、風が山の斜面にぶつかって這い上がっていくと**空気が膨張して温度が下がる**現象も起こります。これは断熱膨張といい、100m這い上がるごとに1℃ずつ下がる**乾燥断熱膨張**と、0.5℃ずつ下がる**湿潤断熱膨張**があります。空気の温度が下がるので、その空気が含むことのできる最大の水蒸気量である**飽和水蒸気量**が低

写真 4　高山の市場
（ネパール、ナムチェバザール）
都市からくる生活用品と高山でとれる産物が交換されます。

下します。するとその空気が含んでいた水蒸気が雲になり、やがて雨や雪になって降ります。こうして、高い山の上は気温が低く、雨や雪が降りやすくなります。

こんな住みにくそうなところに暮らす人々がいます。エクアドルなどのアンデス山脈では、人々が家畜の**アルパカ**や**リャマ**とともに暮らしています。アルパカは衣料用の毛を得るための貴重な家畜で、もふもふの毛は日本でも人気です。リャマは毛や食料に使うほか、力持ちなので荷物を運んでくれる荷役《にやく》として活躍します。

牧畜の他にも、山の狭い畑で作物を栽培しています。標高が高く土地の栄養が貧しいところではジャガイモが栽培され、やや標高が下がると麦類やとうもろこしが栽培されています。低地まで下がればバナナや綿花がありま す。**ジャガイモやとうもろこしはアンデス山脈が原産**の作物です。このようにアンデスなどの高地では、それぞれの標高に適した作物が栽培されています。しかし1種類の作物では生活が成り立ちません。そこで、違う標高でとれる産物と交換しています。**写真 4**はその市場です。狭い範囲で標高が０ｍから６０００ｍまで変化するため、少し歩くだけで違う気候帯に行ける利点があるのです。

少し歩くといっても、そこは高い山ですから大変です。高地では大気層が

写真 5　首都キト（エクアドル）
都市の中心は盆地の底で、郊外が斜面の上の方に広がっていきます。排煙で大気汚染が深刻です。

薄いので、日射や紫外線が強く、つばの広い帽子が欠かせません。気温は、1年を通して月平均気温はあまり変化がないのに対して、1日のうちでの変化が大きいので、簡単に着脱できるポンチョが適しています。このような気温の年較差が小さく日較差が大きい気候は、**高山気候**の特徴です。このようなことから、ボリビアの首都ラパスや、エクアドルの首都キトは、**常春《とこはる》の気候**といわれます。

3 常春の気候での生活

常春の気候のキトですが、都市の暮らしも農村と同様、ラクなものではありません。都市の中心部は**写真 5**のように盆地の底にあり、風が弱いので**大気汚染**が深刻です。酸素が薄いため、自動車のエンジンが不完全燃焼しやすいことも大気汚染の原因となります。では郊外はどうでしょうか。町の中心部から遠くて不便なだけでなく、郊外ほど標高が高いので気温が低く、酸素も薄くなります。斜面なので水道などの**インフラ整備も追いつきません**。常春というと聞こえはいいですが、標高が高いゆえの悩みがあるのです。

写真 6　ヒマラヤのヤク（ネパール）
ヤクは荷役や農耕のほか、肉・乳を食用、皮をテント、糞《ふん》を燃料に使える家畜です。

高い山の生活は、世界の他の地域にもあります。ヒマラヤ山脈やチベット高原では、**ヤク**という大きな家畜を荷役や食用に使います。私も**写真 6** のように、ヒマラヤ登山の時には荷物を運んでもらうのに使いましたが、100kg以上の荷物を背にして斜面をぐいぐい登っていく姿にすっかり感心したものです。ヨーロッパのアルプス山脈では、牛や羊が家畜として使われますが、夏は高山の草原で放牧し、冬は里に下ろして舎《しゃ》飼《が》いします。このような、季節によって飼育する場所を変える牧畜を**移牧**といいます。高山の草原を**アルプ**といい、アルプがたくさんあるのでアルプス山脈となりました。

アフリカのキリマンジャロ山も低地から高山にかけて植生が変わっていきます。キリマンジャロといえばコーヒーで有名ですが、コーヒーは山の中腹で栽培されています。雪融け水が豊富にあるからこそ栽培できるのです。**高山帯に暮らす人々はどこでも、山の標高差をうまく利用して生活している**のですね。

赤道の国に雪が降る!?

高い山の上は低温になる

↓

雪氷帯の下の常春の気候で人は暮らす

↓

- アンデスではジャガイモ栽培
  家畜はアルパカやリャマ
- アルプスでは牛と羊の移牧
- ヒマラヤでは寒さに強いヤク
- アフリカでは雪融け水でコーヒー

写真 1　高原野菜の畑（群馬県嬬恋村）
畑の土は何色でしょうか。

9
植生と土壌

土って何色？

植物と土壌の友だち関係

土は何色でしょうか。黒、茶色、褐色、黄土色など、どれも正しそうです。水は水色、空は空色なら、土は土色と言いたくなります。でも、その土色とはいったいどんな色？

写真 2　寒冷地の泥炭（スウェーデン）
枯れ枝や枯れ草が低温のため分解されないでできる土壌です。

1 土はどうやってできる?

　土の色を調べるために、土を掘ってみましょう。表面は黒っぽく、深くなると黄土色でしょうか。赤っぽい土が出てくる地域もあるでしょう。そう、色は地域によっていろいろです。なぜ土の色は地域によって違うのでしょうか。その理由を探るために、まず土はどうやってできるのかを見てみましょう。

　そもそも土とはなんでしょうか。土は地表にあり、その下には岩石があります。つまり岩石を覆っている細かい物質が土です。土を、専門的には**土壌**とよびます。この土壌のもとになるものは、二つあります。一つは岩石、もう一つは植物です。**岩石が風化して細かくなったり、植物の遺骸が分解されて細かくなったりすると土壌ができる**のです。

　できた土壌は何色をしているでしょうか。温度と降水が適度にあるところでは、植物の落ち葉や枯れ草が分解されて**腐植**《ふしょく》とよばれる土壌ができます。この腐植の層は黒っぽい色です。黒いのは炭素が多く含まれているからで、この炭素は植物の成長には大切なものです。つまり**黒っぽい土壌は栄養分に富み、耕作に適しています。写真 1** の

写真 3　熱帯の土（マレーシア）
雨が多く、腐植分が流されてできた赤色のラトソルです。

ように、畑でよく見る土壌ですね。

　では腐植ができないようなところではどうでしょうか。腐植化が進まないのは、水はけが悪い湿地や気温が低い寒冷地です。こういう地域はバクテリアなどの分解生物が活動しにくいからです。腐植化が進まないので、落ち葉や枯れ草がそのままたまっていきます。すると**写真 2**のような**泥炭**《でいたん》とよばれる土壌ができます。泥炭も黒い色をしているので炭素が豊富ですが、水分をたっぷり含んでいるので、そのままでは耕作できません。このような農業に不向きな栄養分のない土壌を**やせた土壌**といいます。

　このように**土壌の色や栄養状態は、気候の影響を強く受けている**ことがわかります。気候の影響を強く受けた土壌を**成帯**《せいたい》**土壌**といいます。成帯土壌は、ケッペンの気候区分と似た分布になります。では実際にどのような成帯土壌があるのでしょうか。

写真 4　サバナの土（ケニア）
赤黄色土の土壌がそのまま滑走路になっています。

2 世界にはどんな土壌がある？

世界に分布する成帯土壌は気候の影響を受けたものなので、ケッペンの気候区分でいう熱帯、乾燥帯、温帯、亜寒帯、寒帯のそれぞれで、違った土壌になります。熱帯には木の高さや種類が多様な**熱帯雨林**が広がり、それが腐植のもとになりますが、その腐植は雨が多いので流されてしまいます。流されにくい鉄分が残るために、酸化鉄の色である赤っぽい色の土となります。**写真 3** のようなこの赤い土は**ラトソル**とよばれます。やや腐植が入ると**写真 4** の**赤黄色土**です。

乾燥帯はどうでしょうか。砂漠気候は砂漠が広がる地帯で、岩石が風化され細かくなったものだけがたまります。これは**砂漠土**といいます。雨が降ったときだけ草が生えるところでは、やや腐植分が入り、**栗色土**となります。

写真 5　川の氾濫（茨城県常総市の鬼怒川氾濫現場）
2015 年に水害が起こりました。あふれた水とともにたまった土砂は沖積土という土壌です。

ステップ気候になると、雨季には人の背丈を超える草原が生えます。その枯れ草がたまり、雨で流し去られることもないので、腐植層が厚くできます。これが土壌界で最も肥沃な**黒土**です。アメリカでは**プレーリー土**、カザフスタン周辺では**チェルノーゼム**とよばれます。

温帯は適度な温度と降水があり、広葉樹や針葉樹の森林が育ちます。これらの樹木を由来とした腐植分がたまるので、土壌は褐色となります。これは**褐色森林土**とよばれます。日本には、この褐色森林土が広く分布しています。

亜寒帯にいくと、タイガとよばれる、樹種が少ない針葉樹林帯になります。針葉樹の枝が落ち、その枝が低温のため分解されないでたまってできた黒色の泥炭ができます。また反対に、白色の**ポドゾル**とよばれる土壌もできます。なぜ白色になるかというと、酸性の水が褐色の鉄分を溶かして流してしまうためです。**泥炭もポドゾルもやせた土壌なので、農業には向きません。**

ポドゾルと似たものに、**ツンドラ土**があります。ツンドラ土は、寒帯のツンドラ地帯にできる土壌で、やはり栄養分の乏しい土壌です。

今まで見てきた成帯土壌は、気候の影響を強く受けた土壌ですが、土壌はそれだけではありません。

3 岩の種類で決まる土

気候とは無関係に、もととなる岩石の質が決め手となる土壌もあります。これは**間帯土壌**といいます。地中海地方の石灰岩地域に分布する土壌は**テラロッサ**といい、イタリア語で「赤い土」を意味します。赤いのであまり肥沃ではありません。また玄武岩が風化してできた土壌には**レグール**や**テラローシャ**があります。どちらも**黒色で肥沃な土壌なので、農業がさかん**です。レグールはインドのデカン高原に分布し、綿花栽培に適しています。またテラローシャはブラジル高原に分布し、コーヒー栽培に適しています。このように植物には、生育に適した土壌があります。植物と土壌は友だちのようですね。

この他に、気候にも岩質にも影響を受けない土壌があります。風によって運ばれてきた土がたまった**レス**は、中国の黄土高原やハンガリーのプスタに分布します。また川が洪水の時に運んで平野にたまった**沖積土**《ちゅうせき》は、日本の平野に広く分布します。**写真5**のように川の氾濫は被害をもたらしますが、昔から土地を肥沃に保つ役目もありました。このように、土壌は色もできかたも、まさにいろいろなのですね。

土って何色!?

肥沃な土は黒色、やせた土は赤色や白色

↓

土壌には気候の影響を受けた成帯土壌と、
岩石の影響を受けた間帯土壌がある

↓

・成帯土壌は熱帯のラトソル、温帯の褐色森林土、亜寒帯のポドゾルなど
・間帯土壌は石灰岩のテラロッサ、玄武岩のレグールやテラローシャなど

↓

土は、色もできかたもいろいろ

ヒマラヤの村

ヒマラヤの村

「この前も突然の洪水で村が消えたんだ」

そう聞いたのは学生時代、ヒマラヤを歩いていた時。雨も降っていないのに、上流から突然水が押し寄せ、集落が飲み込まれて多くの犠牲者が出たとのこと。何でこんなことが起こるのか。

1990年代のヒマラヤは、ほとんどの村にまだ電気が来ていなかった。テレビもなく、情報源はラジオだけ。訪問者を受け入れる満足な宿もなく、僕たち調査隊の一行も2ヵ月間、風呂も入らず過ごした。こんな文明と隔絶された地で、洪水の警報などあるはずもない。無防備な村人が、時おり起こる原因不明の洪水の犠牲になっていたのである。

その原因は、上流へ行ってわかった。そこには、氷河の表面や末端にさまざまな大きさの池ができていた。大きなものは長さが4㎞もあった。これが時おり、あふれ出すのだ。氷河湖決壊洪水というこの現象は、氷河表面湖や氷河自体による堰止め湖が、氷河の融解によって堰を切られて起こる。氷河の融解は年々スピードを増し、洪水の頻度も上がっている。ヒマラヤ全体で数年に一度は大規模な被害が出ている。氷河の融解がスピードアップしているのは、地球温暖化のせいだ。

文明と隔絶して暮らす人々が、真っ先に文明の犠牲になっている。この理不尽をなんとかできないか。地理教育が微力になれば。ヒマラヤで思ったことが、今も日々の授業の原動力になっている。

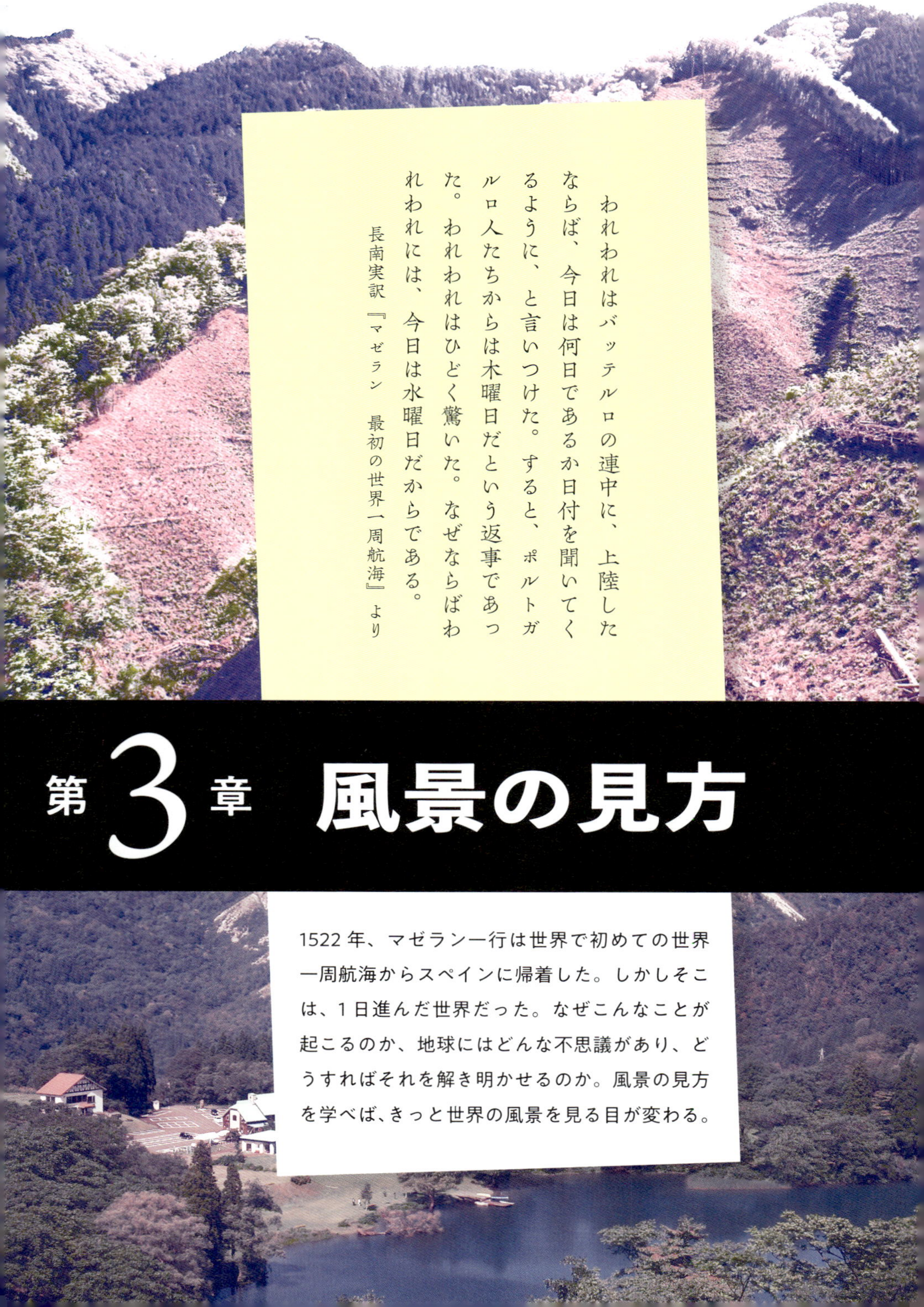

われわれはバッテルロの連中に、上陸したならば、今日は何日であるか日付を聞いてくるように、と言いつけた。すると、ポルトガル人たちからは木曜日だという返事であった。われわれはひどく驚いた。なぜならばわれわれには、今日は水曜日だからである。

長南実訳『マゼラン　最初の世界一周航海』より

第3章　風景の見方

1522年、マゼラン一行は世界で初めての世界一周航海からスペインに帰着した。しかしそこは、1日進んだ世界だった。なぜこんなことが起こるのか、地球にはどんな不思議があり、どうすればそれを解き明かせるのか。風景の見方を学べば、きっと世界の風景を見る目が変わる。

写真 1　ナウマンゾウ（長野県野尻湖畔の発掘現場）

1

日本の地形と構造

ナウマンゾウの渡る橋!?

神となったナウマンとゾウ

ナウマンゾウが昔、日本にいました。橋を渡ってやってきたのです。そんな橋、本当にあったのでしょうか。あったとしたら、どんな橋なのでしょうか。

写真 2　霞ヶ浦湖畔の貝塚（茨城県土浦市の上高津《かみたかつ》貝塚）
霞ヶ浦は縄文海進の時には太平洋の内海で、ここが海岸だったことを示しています。

1 ナウマンゾウの渡った橋

ナウマンゾウは地理学の神です。日本列島の構造を解き明かすヒントを、私たちに与えてくれました。ナウマンゾウはいま日本各地で発掘されていますが、背丈が3m、牙の長さが2mもある巨大なゾウは、もともと日本にいませんでした。海をはるばる泳いでくることは考えにくい。そうすると、どこかに橋があって、その橋を渡ってきたはずです。その橋とは陸の橋、つまり**日本が昔、大陸と陸続きだった**のではないか、と地理学者は考えるようになったのです。日本が大陸と陸続きだったとは、いったいどういうことでしょうか。

日本が大陸と陸続きになっていたのは、氷期です。氷期とは、現在よりも気温が世界的に低かった時代です。気温が低いと、氷河が大陸上に発達する

写真 3　糸魚川・静岡構造線に沿った断崖（糸魚川市の明星山）
石灰岩の岩壁は断層の動きでできました。

ので海水の量が減り、**海面が低下**します。今から2万年前の氷期には、海水は120m低下していました。宗谷《そうや》海峡の水深は50m程度、対馬《つしま》海峡の水深は100m程度ですから、ここが大陸と陸続きになっていたのです。**宗谷海峡の陸橋を通ってマンモスが、そして対馬海峡の陸橋を通ってナウマンゾウが、日本に渡ってきた**のです。

陸橋が北海道と九州から大陸に伸びていたということは、日本海は海ではなく湖だったことを意味します。こんな大きな変化が、地球の歴史では起こるのです。1万年前に氷期が終わったあとも、世界規模での**温暖化**と**寒冷化**は繰り返しています。例えば縄文時代には、今よりも温暖な時期がありました。海面は現在よりも2～3m高かったので、関東地方の低地は海でした。これを**縄文海進《じょうもんかいしん》**といいます。縄文海進があったことは、内陸に入り込んだ海岸線に沿って、**写真 2**のような貝塚が

写真 4　四国山地の石鎚山（標高 1982 m、愛媛県）
四国山地は西南日本弧の外帯にあり、急峻です。

分布していることからわかります。また今から３００〜２００年前には、気温が低く、長雨が続いて凶作になることがありました。江戸時代に何度も飢饉が起こったのはこのためです。この時期は小氷期といわれます。このような**気候変動の原因は、火山噴火や太陽活動**です。火山が噴火すると火山灰が大気中に漂い、太陽の光を遮ってしまうので、気温が下がるのです。このように火山活動は、時に世界の気候まで変えてしまいます。

ナウマンゾウは氷期に現れた陸橋を渡って日本にやってきたことで地理学者に注目されましたが、もう一つ、ナウマンゾウと地理学の関わりがあります。

2 ナウマン、ゾウとの出会い

ドイツの学者**エドムント・ナウマン**は日本の地質学の神です。ナウマンゾウを初めて研究しただけではありません。1893年に発表した論文『**フォッサマグナ**』で、日本列島の構造を明らかにしました。その成果は世界の学界に紹介されるとともに、現在まで日本の地質学の基礎となっています。

ナウマンが命名したフォッサマグナとは何でしょうか。ラテン語でフォッサは溝、マグナは大きいの意味なので、**大きな溝**ということです。富士山や八ヶ岳をはじめ、高い山々が並んでいる地域を溝とよんだのはなぜでしょうか。これは、溝ができた後に、そこで火山が噴火して高い山ができたのであって、火山を取り除けば巨大な溝が現れるからです。21歳のナウマンが初めてフォッサマグナを歩いたときの洞察力に、舌を巻くしかありません。

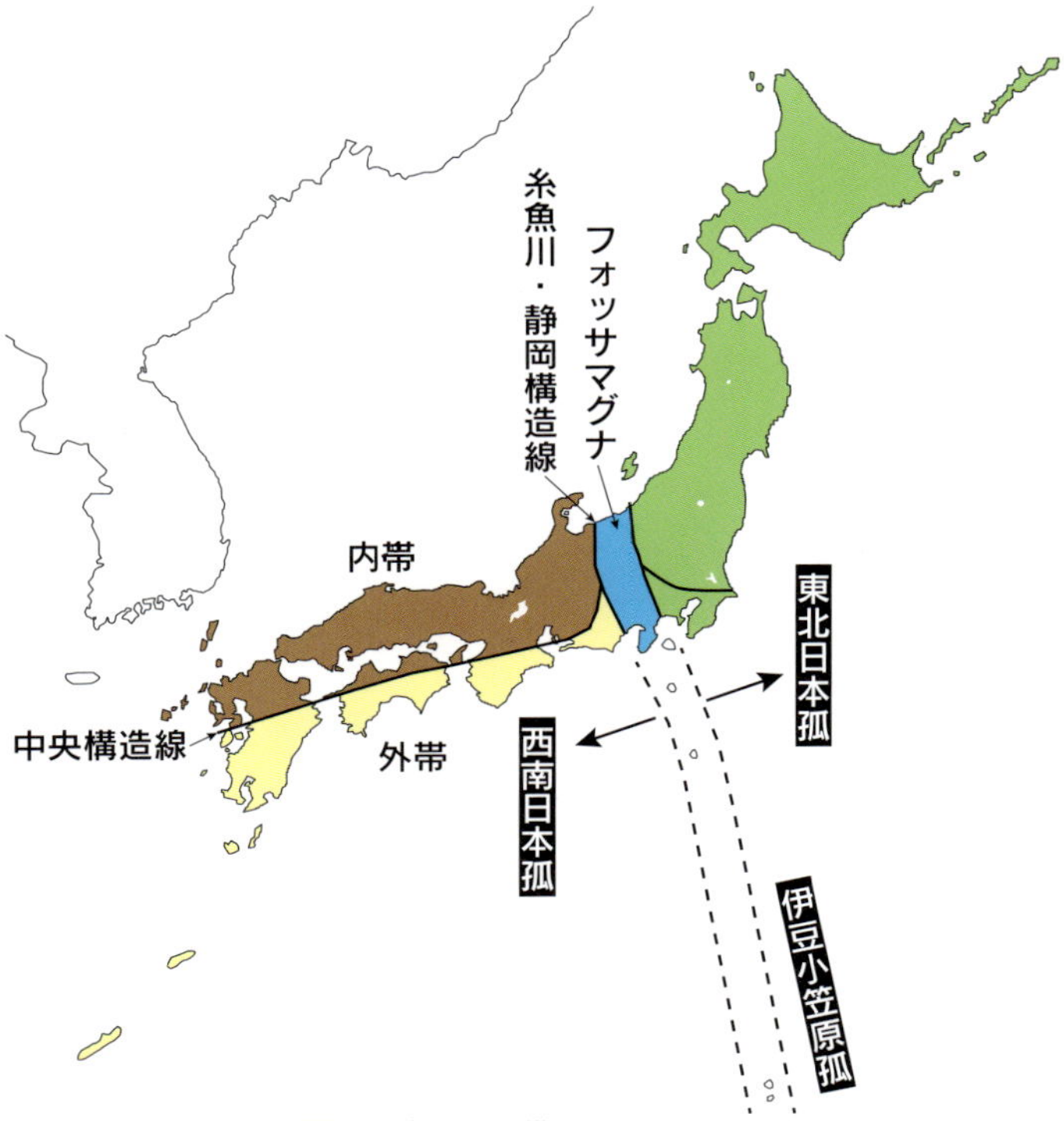

図 1　日本の地体構造
フォッサマグナと中央構造線を境に、地形や地質が変わります。

フォッサマグナはなぜできたのでしょうか。**図1**を見てください。日本列島が大陸側から太平洋側へ水平に移動したとき、その前方の真ん中には伊豆大島から小笠原諸島へ続く伊豆小笠原弧がありました。この伊豆小笠原弧に日本列島が衝突し、日本列島の真ん中はぐにゃっと押され、弧状に連なる**弧状列島**ができました。それと同時に**地盤が引き裂かれて陥没**しました。その深さは1万mにも達します。つまりこの陥没帯の両側には、高さ10kmの崖ができたわけです。このような変動により、現在の日本列島の**地体構造**ができあがりました。

日本の地体構造は構造線によって特徴づけられます。構造線とは、その両側で地質が異なる大断層のことです。写真3のようなフォッサマグナの西側の崖は、新潟県の糸魚川市から、静岡市に至るラインですので、**糸魚川・静岡構造線**といいます。東側の崖ははっきりわかっていません。このフォッサマグナを境に、東側は**東北日本弧**、西側は**西南日本弧**といいます。東北日本弧では地質的に**新しい地層や火山**が分布している特徴があります。西南日本弧には、別の構造線が走っています。これは**中央構造線**といい、長野県の諏訪湖付近から九州まで続くものです。中央構造線の日本海側を**内帯**、太平洋側を**外帯**といいます。内帯は中国山地などのように**なだらかな地形**なのに対し、外帯は赤石山脈や、写真4のような四国山地に代表される**高く険しい山地**となっています。

現在でも東北日本弧は反時計回りに、そして西南日本弧は時計回りに、大陸から離れる方向に動いています。その動きは垂直方向にも作用するため、いま見られる高い山々は現在も活発に隆起しています。この活発な隆起は、**活断層**を動かして地震を起こすなど、日本の地形を取り巻くあらゆる自然現象の要因となっています。

3 日本の地形の特徴

「これは川ではない、滝だ」とオランダ人治水技師のデレーケ一行はいいました。ドナウ川やライン川などヨーロッパの大河川と比べれば、日本の川はまさに滝のように流れ下ります。これは山地の起伏が大きく、降水量も多いためです。急流の河川は**侵食作用**が活発なので、V字谷を形成し、土砂を運搬して河口付近に狭い**沖積平野**を形成します。このような**険しい山地と狭い沖積平野の組合せは、日本の地形の大きな特徴**です。氷期の沖積平野を闊歩したナウマンゾウや、明治期にフォッサマグナを歩いたエドムント・ナウマンはいま、神となって空から日本の地形を眺めているかもしれませんね。

ナウマンゾウの渡る橋とは!?

ナウマンゾウは陸橋を渡ってきた

↓

陸橋は氷期に海面が低下してできた

↓

氷期と間氷期で海岸線の位置は変わる

↓

今の生活環境は不変ではない

写真 1　山形県庄内平野の水田
米どころはなぜ東北地方なのでしょうか。

米どころはなぜ北にある!?

やませを恨む人、喜ぶ人

日本の米どころといえば新潟や秋田など北の方です。写真 1 のように水田が至る所に見られます。稲はもともと熱帯の作物のはずなのに、なぜ北なのでしょうか。

写真 2　日本海側の豪雪（富山県五箇山《ごかやま》）
冬は深い雪に覆われますが、この雪は春になると恵みをもたらします。北陸地方の富山県も、東北地方のように米どころなのは、この雪があるおかげです。

1 米どころ東北地方の秘密

東北地方は米どころです。米の生産量の県別順位は、２０１７年のデータで、１位が新潟県、２位が北海道、３位が秋田県、４位が山形県となっています。さらに**他の東北地方の県もすべて11位以内**に入っています。東北地方や北海道で稲作ができるようになったのはなぜでしょうか。

一つには、品種改良して寒さに強いコシヒカリが開発されたことがあります。コシヒカリから作られた「あきたこまち」や「ひとめぼれ」などの銘柄も含め、コシヒカリは東北地方で多く栽培されています。この品種改良で、もともと熱帯の作物だった稲を、東北地方や北海道でも栽培できるようにしました。確かにこの品種改良も大きな理由ですが、その他にも重要な理由があります。東北地方の気候と地形に関

写真 3　沖縄の家
屋上にタンクがあります。これは、水不足に備えたものです。

わることです。その理由を、日本の気候や地形を見ていく中で探究していきましょう。

2 日本の気候

日本は四季が明瞭です。私たちには当たり前のことですが、この明瞭さは世界的にとても大きな特徴です。春は高気圧と低気圧が交互に通過し、天気が周期的に変化します。昔から三寒四《さんかんし》温《おん》といわれる季節です。初夏になると梅雨《ばいう》前線の影響で**梅雨《つゆ》**になります。梅雨が明けると、暑い夏です。小笠原気団の影響で熱帯並みの蒸し暑さになります。秋には再び前線がかかり、秋の長雨となります。これは秋雨《あきさめ》や秋霖《しゅうりん》といいます。**台風**が襲ってくるのもこの時期です。冬になるとシベリア気団から冷たい北西季節風が吹き、日本海で対馬海流から水蒸気をもらって日本海側に多量の雪を降らせます。日本海側

写真 4　八郎潟干拓地の水田（秋田県）
八郎潟では戦後の食糧難対策として湖を埋め立て、大規模な稲作地帯をつくりました。

は、**写真 2** のような世界有数の豪雪地帯です。この雪雲は山を越えると乾燥した空っ風となり、太平洋側は乾燥した晴天となります。

通常はこのようなサイクルを繰り返しますが、時に異常気象が発生します。**エルニーニョ現象**は冷夏と暖冬をもたらし、反対に**ラニーニャ現象**は猛暑の夏と寒冷な冬をもたらします。エルニーニョ現象とは、ペルー沖の海水温が例年より高くなり、その状態が数ヵ月続く現象です。ラニーニャ現象は、その反対に海水温が低くなる現象です。遠くペルー沖で見られる現象が、日本にも影響するのですね。また**やませ**も、日本では昔からある気象現象です。夏にオホーツク海気団が長く北日本を覆うと、北海道から東北地方の太平洋側に冷たく湿った北東風が吹き続け、くもりの日が続きます。その結果、低温と日照不足になり、**冷害**が発生して農作物に被害が出ます。

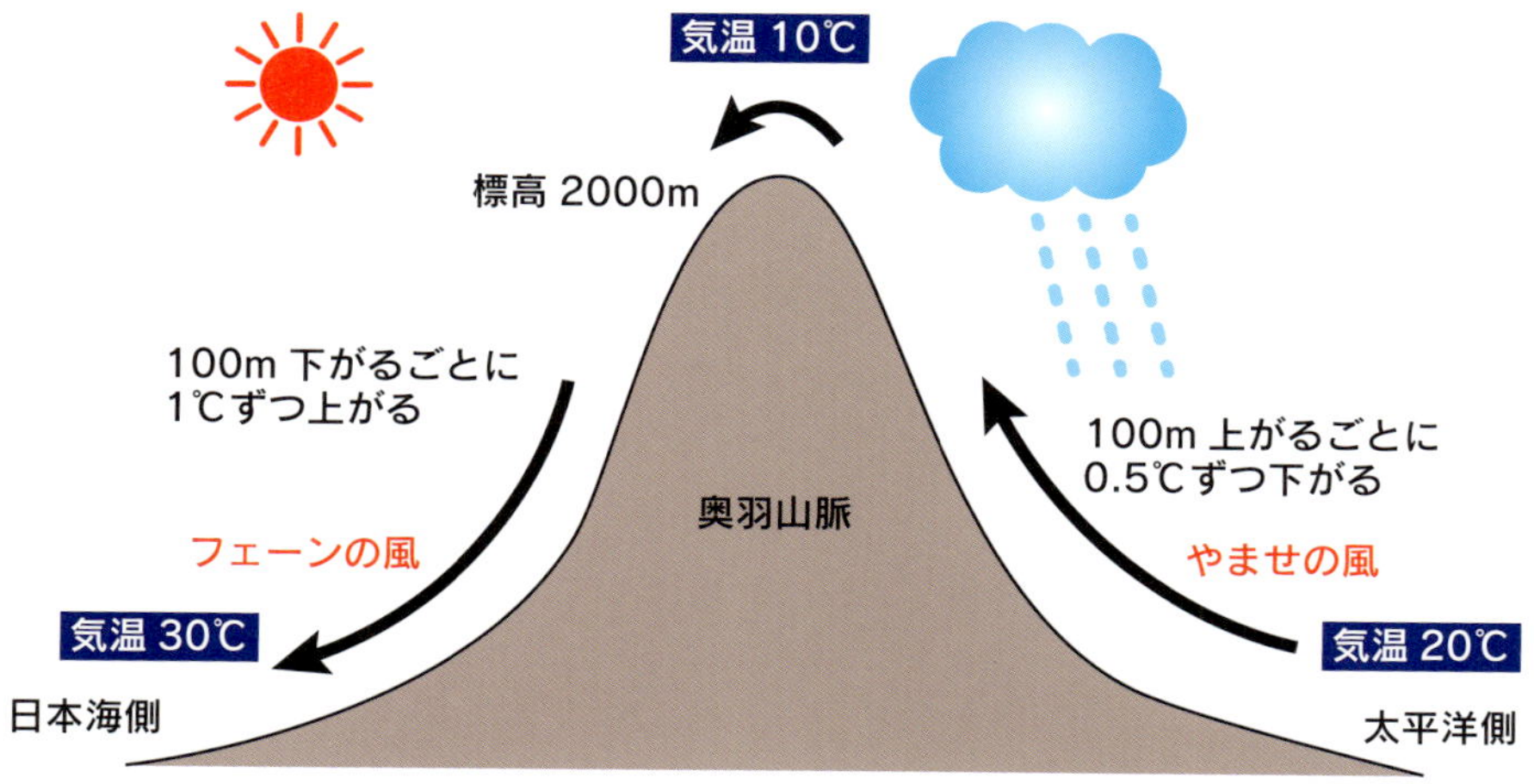

図 1　フェーン現象の模式図
大気が昇降するとき、雲をつくりながらの場合と雲がない状態の場合とで温度の変化する割合が異なるので、風下側では気温が高くなります。

やませは太平洋側の農家にとって困ったものですが、驚くことに、この**やませを喜ぶ地域があります。**秋田県に伝わる生保内節《おぼないぶし》という民謡は、歌い出しが次のようになっています。

吹けや生保内東風《おぼねだし》
七日も八日も
吹けば宝風
ノォ稲みのる

生保内東風とは、仙北市に吹く北東風のことで、やませが山を越えてきたものです。これが宝の風だというのです。風は山を越えて反対側に吹き下ろすとき、風上側より温度が上がる性質があります。これを**フェーン現象**といいます。**図1**を見てください。例えば太平洋側で20℃の空気が、雲をつくりながら2000mの山を越えるとき、風下の日本海側では30℃になるのです。稲は日中に高温だとよく育ちますので、この**フェーンの風はまさに宝の風**なのです。

気温は十分でも水がなくては、稲作はできません。この水はどこにあるかといえば、山にあります。山に積もった雪が融けて流れてくる水、つまり雪融け水です。さらに初夏には梅雨もあります。**稲が水を必要とする時期に、豊富な水に恵まれる**のです。瀬戸内地方は雨が少なく水不足が日常ですので、その対策として「ため池」を数多くつくります。沖縄では**写真3**のように家の屋上にタンクを作り、生活用水の不足に備えています。

3 日本の地形

　日本は山国です。山が7割を占め、平野は3割しかありません。山から流れてくる川が急流で、しかも梅雨や台風による大雨が多いので、**土砂災害**がよく発生します。山崩れ、崖崩れ、地すべり、土石流などは、厳密には発生するしくみが違いますが、どれも大雨が引き金となって発生するという点は共通です。2018年に広島県や岡山県で200人以上が犠牲となった災害は記憶に新しいでしょう。

　このような災害をもたらす自然現象は、昔からありました。ただ、**都市化が進んだことが災害を拡大させています**。川が氾濫して洪水になりやすい後背湿地や、山崩れで土石流が発生する山沿いにまで住宅地が広がったためです。都市中心部では、雨水が地中に浸透しない舗装面が増えたため、集中豪雨の水があふれて地下街などを浸水させる**都市型水害**も発生しやすくなりました。低湿地の都市化により、**高潮**《たかしお》の被害もあります。

　過度に都市化せず、自然の営みとうまく付き合っているのが東北地方の農村です。東北地方には平野が点在し、そこに川が流れています。雄物川が流れる秋田平野や、最上川が流れる庄内平野などがその例です。このような平野を水田として残しているのです。また冬は雪に覆われるため、農業ができません。そのため稲の単作をせざるを得ず、効率よく収入を得られる大規模化を進めました。写真4はその例です。つまり、**川の水を得やすい平野が点在し、そこで稲作を大規模にしている**ことが、東北が米どころとなった理由です。

　ご飯を食べながら、日本の気候や地形の特徴、さらに災害にまで思いを巡らせられたらいいですね。

米どころはなぜ北にある!?

人の工夫
・寒さに強い稲への品種改良
・稲の単作のための大規模化

気候
・冬に雪が多く、その雪融け水が得られる
・やませからのフェーンで日本海側は高温になる

地形
・都市開発の進んでいない平野がある
・平野に、水を得られる大きな川が流れている

写真 1　湖に崩れ落ちた氷河のかけら（チリのパタゴニア地方）
氷河の動くスピードが上がっています。

3

地球温暖化

地球温暖化、どちらに理がある!?

先進国 VS 途上国

地球温暖化の対策をめぐって、先進国と発展途上国との間で意見が食い違っています。その間にも、地球の気温はどんどん上がっています。このままでは地球はどうなってしまうのでしょうか。

写真 2　世界最大の温室効果ガス排出国となった中国
一人あたり CO_2 排出量では日本より少ないものの、全体の排出量では日本の8倍以上です。

1 環境問題の現状

人間は自然がないと生きられません。食べ物はすべて自然の産物ですし、生活に使う製品は自然から取った原料を、石油などのエネルギー源を利用して加工して作られたものです。このように私たちは自然に頼って生活しています。かつて、人間が自然と一体化して暮らしていた時代には、問題は起こりませんでした。いま、世界の人口は70億を超え、さらに増加中です。この状況で、自然環境が破壊され、さまざまな**環境問題**が発生してきました。

どのような環境問題があるでしょうか。かつての日本で起こった公害は、**水質汚濁**や**大気汚染**などです。これらの問題は日本ではだいぶ改善しましたが、今まさにそれらが問題となっている国もあります。また**砂漠化**や**酸性雨**も、進行中の問題です。これらの問題

写真 3　ヒマラヤ山脈の氷河湖（ネパール）
氷河表面の融解やモレーンのせき止めにより湖ができています。自然の堰が決壊して下流の集落を飲み込む水害が頻発しています。

は今、**国境を越えた地球規模の問題**となっています。地域規模で起こる公害から、地球規模で起こる環境問題へと、問題が拡大しているのです。

そのような地球規模の環境問題の中で最も重要といっていいのが、**地球温暖化**です。地球温暖化の原因は、人間の経済活動によって**温室効果ガス**が増加することです。温室効果ガスは、地表から放射される熱エネルギーを吸収し、熱を地表に戻すはたらきをします。これを**温室効果**といいます。温室効果ガスの代表として二酸化炭素がありま す。二酸化炭素は、石炭や石油などの**化石燃料**を燃やすと発生します。その化石燃料を、人類は産業革命以来エネルギー源として利用してきたので、二酸化炭素の濃度が20世紀の中頃から急速に上昇し、地球温暖化が起こっているのです。

産業革命以来、化石燃料を使って発展してきたのは先進国です。その先進

写真 4　生活困窮者の物乞い（ネパールの首都カトマンズの王宮前）
途上国では貧富の差が拡大しています。貧困層は危険地帯に住むことが多く、災害に対しても弱者です。

国では、かつて公害が多発した経験を踏まえ、今は環境意識が高まり、法律の整備も進みました。リサイクルがふつうのことになったり、ハイブリッド車が普及しているのは、その現れです。一方の発展途上国では、いま経済発展が進むのと同時進行で環境問題に直面しています。先進国側としては、途上国も環境への規制を強めてほしいと主張します。それに対して途上国側は、ここまで問題を悪化させた責任は先進国側にあり、途上国の経済発展を妨げるような規制を求めてくるのは筋違いだと主張します。両者のその主張は1997年、京都でぶつかりました。

2 京都での会議

京都での会議は紛糾しました。第3回国連気候変動枠組条約締約国会議、通称COP3とよばれる会議で、先進国と発展途上国との間で利害が衝突したのです。最終的に、二酸化炭素の削減へ向けた京都議定書が採択されましたが、これには大きな欠陥がありました。先進国では国ごとに削減目標が決められたのですが、**発展途上国には削減義務が課されなかった**のです。途上国の中でも中国は、当時でも二酸化炭素排出量がアメリカに次ぐ2位で、2013年には世界全体の約3割を占める世界最大の排出国となっています（**写真2**）。

その間に、さまざまな影響が出てきました。一つは海面の上昇です。海面が上昇するのは、海水が温められて熱膨張したり、南極などの氷河が融け出したりするからです（**写真1**）。この海面上昇により、モルディブやツバルでは**国全体が水没**する可能性が出てき

写真5　キリマンジャロ山頂上にある氷河（タンザニア）
この氷河は2030年代に消滅するといわれています。

ました。これらの国は、標高が低いサンゴ礁の島だからです。モルディブは平均標高が１ｍしかありません。

モルディブではさらに、地下水に海水が混ざって生活用水が使えなくなる問題も起きています。また海水の温度が上がってサンゴ礁が死んでしまう**白化現象**も起きています。これらの影響で、住民の生活や観光業はダメージを受けています。先進国の豊かな暮らしが、途上国の貧困を生んでいるのです（写真3、4、5）。

この他、気温上昇で農産物の収穫量が減少したり、干ばつや豪雨が増えたりしています。豪雨というと都市部で降る**ゲリラ豪雨**を想像しますが、都市部では地球温暖化だけでなく、**ヒートアイランド現象**による気温上昇も加わり、雨の強さが激しくなっています。ヒートアイランド現象とは、都市中心部で郊外よりも気温が島状に高くなる現象で、その原因は自動車や冷房からの排熱のほか、地面がアスファルトに覆われて熱を蓄えるようになっているというものです（写真6）。都市部での局地的で特殊な気候は、**都市気候**ともよばれます。このまま地球温暖化が進むとマズイ、とさすがに途上国側も考えるようになりました。そこで２０１５年、パリで改めて会議が行われました。

3　パリでの会議

パリで行われた**COP21**では、途上国を含む**すべての参加国が温室効果ガスの排出削減を進める枠組み**ができました。これは**パリ協定**とよばれます。パリ協定は、世界の大半の国が締結国となり、京都議定書では削減義務のなかった中国や、今や世界第4位の排出国となったインドも含まれています。日本は２０３０年の排出を２０１３年

写真 6　ビルの屋上緑化（東京都心のオフィスビル）
気温上昇を抑えるため、屋上に芝を張っています。

の水準から26％削減する目標を設定しました。削減目標は、あくまでも各国が自分で決めた努力目標なので、本当に守られるのか、実効性に疑問はあります。しかし、世界中の国が同じ問題を共有し、解決に向けてともに対策していこうという条約ができたことは、画期的なことです。かつて**オゾン層の破壊**の原因となったフロンが、国際条約により排出が制限されて解決したように、地球温暖化も世界各国の協力がさらに進めば、きっと改善していくでしょう。

環境問題の解決のため、私たちに何ができるでしょうか。１９７２年に設立された**国連環境計画（ＵＮＥＰ）**は、環境に関する国際的な協力を進める機関です。そのような機関の活動も確かに大切ですが、先進国に住む私たちとして、今できることがあるはずです。政府に対し途上国への技術協力や資金援助を求めることもいいでしょう。また節電やリサイクルなら、今すぐ始められます。その行動が、途上国の人の暮らしを助けることになります。**地球にやさしい**暮らしは、**人にやさしい**暮らしなのです。

地球温暖化の対策、どちらに理がある？

先進国 VS 途上国

先進国	途上国
・先進国はすでに対策が進んでいる ・途上国も対策を進めるべきだ	・温暖化は先進国に責任がある ・途上国も発展する権利がある

↓

パリ協定	途上国を含むすべての参加国が温室効果ガスの排出削減を進める枠組みが完成 ↓ 現代の環境問題は、国境を越えて発生するので、国際協力が大切

写真 1　森林伐採の跡（東京都奥多摩）
このような「皆伐」では自然環境が壊されてしまいます。

4
森林破壊と砂漠化

森林伐採は環境にいい!?

地球の肺を守るワザ

森林を伐採すると自然環境がよくなる地域があります。そんな場所、本当にあるのでしょうか。あるとしたらどこなのでしょうか。

写真 2　油ヤシのプランテーションをつくるために切り開かれた土地（マレーシア）
単一作物の樹林は、生物の多様性が乏しい森です。写真左手前には熱帯の赤い土「ラトソル」がむき出しになっていて、雨が降るたびに流れ出しています。土壌がなくなってしまうと農業はできず、荒れ地のまま放置されることになります。

1 減少する森林

森は地球の肺です。酸素をつくりだし、水を浄化します。そんな大切な森がいま、急速に減っています。その量は、2000年以降で約7000万ha、1年間で九州とほぼ同じ面積の森林が消えている計算になります。森林が消えると、さまざまな影響が出てきます。ほとんどは自然や人間にとってよくない影響ですが、木の伐採は、場合によっては**自然環境によい影響**をもたらすこともあります。どういうことでしょうか。世界の気候区ごとに探っていきましょう。

2 森林破壊の現状

熱帯の森はゆりかごの森です。世界の動植物の半数以上を育む、命のゆりかごです。この**熱帯林**が伐採されてい

写真 3　乾燥地域で塩性化した土壌（アメリカ、デスバレー）
デスバレーでは灌漑農業が行われているわけではありませんが、塩性化した土壌では植物が育たないことがわかります。

ます。その原因は二つあります。一つ目は、材木を採るためです。熱帯林で有用な材は、**ラワンやチークなど一部の樹種**だけです。しかし、それだけを切って運び出すのは大変なので、森林全体が伐採されることが多くなります。二つ目は、畑をつくるためです。輸出用の天然ゴムや油ヤシなどの**プランテーション**にするために、**写真 2** のように広い範囲で切り開かれています。また人口が増えて焼畑農業のサイクルが短縮化し、森林が十分に育たないうちに畑にすることも森林破壊になります。さらに海岸部の**マングローブ林**も、**エビの養殖池**にするために切られています。東南アジアで養殖されるエビの多くは、日本向けです。

温帯の森はやさしい森です。温和な気候なので、人々が利用しやすい、やさしい森です。この**温帯林**は人間の生活圏でもあることから、**用材**を採る林業のために伐採されてきました。用材

写真 4　都市で暮らす貧困層（インド、デリー）
インドの貧困層は４億人を超え、世界最大です。

とは建築材料や製紙原料とする木材のことです。また煮炊きや暖房のための燃料に使う**薪《しん》炭《たん》材**としても使われてきました。日本では森を**里山**として、用材や薪炭材の他、肥料や山菜を得るための場として大切に育ててきました。その里山は近年、手入れがされず荒廃したり、太陽光パネルを設置するために大規模に伐採されたりしています。

亜寒帯の森は強い森です。やせた土壌や低温にも負けず成長する針葉樹の強さがあります。**亜寒帯林**は樹種がそろっているので、用材利用に適します。ロシアやカナダでは、大型機械を用いて大規模に伐採されています。

乾燥帯でも、ステップ気候区には樹木があります。木がまばらに生える疎林となっています。ここでは調理用の薪炭材として木が切られます。乾燥地域なので樹木の再生は難しく、**砂漠化**が進みます。砂漠化とは、土地や植生が劣化する状況のことですが、乾燥帯では**過伐採の他にも、過耕作や過放牧が原因**で砂漠化が進んでいます。いずれも人口が増えたために起こっています。特にサハラ砂漠の南縁にあたる**サヘル**では顕著で、もともと農耕と牧畜が可能だった土地が、不毛の地になってしまいました。無理に灌漑をすることで**土壌の塩性化**が起こり、不毛となってしまう例もあります（**写真 3**）。

写真 5　里山の森（茨城県）
日の光が地面に届き、下草《したくさ》が生えている豊かな森です。

3 森林が減ると起きること

こうして森林が伐採されると、どんなことが起きるでしょうか。森の中で狩猟採集の生活をしている先住民は、生活の糧を失います。その人たちは都市に行き、写真 4 のように貧困の中でスラム街に身を寄せて暮らすしかありません。ここに途上国の**都市問題**が発生します。また伐採により生物多様性がなくなることで、動植物を資源とした医薬品や、いずれ活用が見込まれる生物遺伝子といった有用な資源が失われます。熱帯のマングローブ林が破壊されると、波が海岸に直接当たるようになり、海岸侵食が起こります。また川から流れてくる土砂をせき止められなくなるので、サンゴ礁が土砂に覆われて死滅します。

さらに熱帯林では深刻な問題があります。熱帯は高温多湿のため落ち葉などの腐植が早く分解され、表土が薄いという性質があります。この薄い表土は、強い雨に直接当たると流されてしまいます。つまり**森林伐採で土壌が流されて荒れ地となってしまい、植物の再生が難しくなります**。これは**土壌侵食**という問題です。

この土壌侵食は、日本など温帯の地域でも起こります。ただ、木をうまく伐採すれば、避けることができます。どうすればいいのでしょうか。

4 環境にやさしい伐採方法とは

日本の森は、山にあります。森のことを東北地方ではヤマとよぶほど、森と山は一体です。山は放っておくと木がどんどん成長して森ができるので、放っておけばいいと思うかもしれません。確かに人里から離れた奥深い高山地帯では、自然に任せるのがいいでしょう。しかし山地と人里との境界付近にある**里山では、人が適度に木を切ることで、森が豊かになる**のです。木を間引く**間伐**《かんばつ》をすることで、写真5のように日差しが地面に達し、地面を草が覆います。すると水持ちがよく、土壌流出もしづらく、さらに多くの生物が住む森ができるのです。また残された木も太く成長するので、風や雪でも倒れにくい丈夫な森になります。

林業のためにそれらの木を伐採するときは、どういう工夫をしたらいいでしょうか。斜面に木が常にある状態が理想ですので、写真1のように全面的に切る**皆伐**《かいばつ》ではなく、何年かおきに順番に切っていく**択伐**《たくばつ》という方法がよいでしょう。そうすると、水源かん養機能や土壌流出防止機能、さらに生物多様性の保全機能も失われません。

そんな余裕がなくなっているのが、人口の急増と経済のグローバル化が進む現代の世界です。森林破壊や砂漠化の防止に向けて、**国連食糧農業機関**（FAO）や各国の**非政府組織**（NGO）が取組みを進めています。私たちも、安い商品に飛びつくのではなく、多少高くても環境保全を意識して作られた商品を選ぶなど、行動できることがあるかもしれませんね。

伐採は環境にいい!?

ふつう森林破壊は環境によくない

↓

用材や薪炭材のため森林が減り、
先住民の生活の破壊や土壌侵食が発生する

↓

里山では
間伐など適切に管理することで森が豊かになる

写真 1　ハワイのワイキキビーチ
ハワイの人は日本より1日前の日を過ごしています。

5
いろいろな地図と時差

ハワイに行くと
タイムスリップできる!?

マゼランも戸惑った地球のナゾ

飛行機でハワイに行くと、時間を戻れます。今日の１日をやり直せるのです。そんなタイムスリップ、本当にできるのでしょうか。

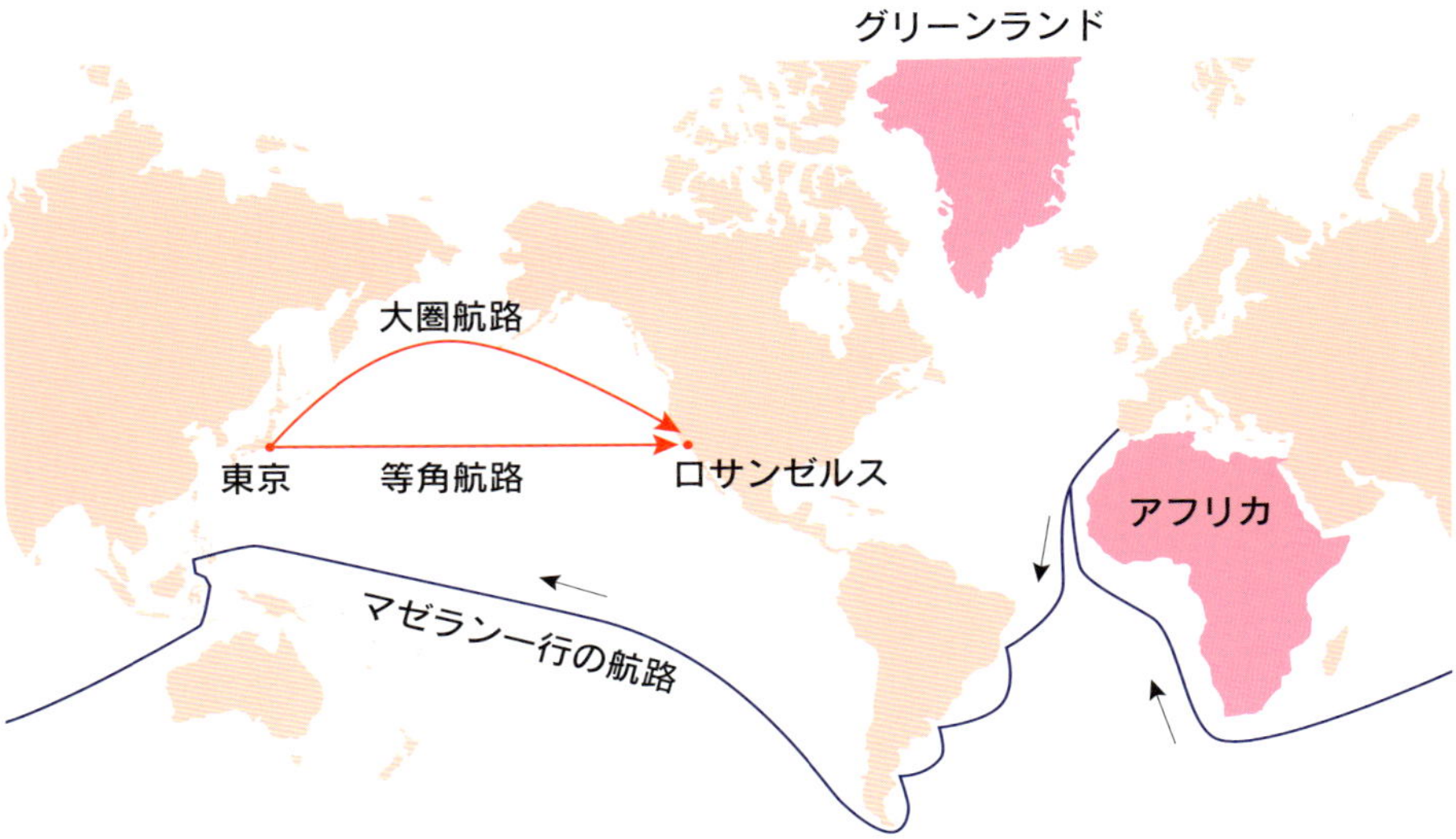

図 1　メルカトル図法。角度が正しい正角図です。

1 タイムスリップの秘密

ハワイは楽園の島です。**写真 1** のように常夏のビーチで楽しめるだけではありません。飛行機で7時間も飛べば、時間を巻き戻して1日をやり直せるのですから。日本を夜8時に出発すると、ハワイに着くのは同じ日の朝8時です。これはいったいどういうことでしょうか。

地球は丸いので、世界中で一斉に太陽が出たり沈んだりするわけではありません。仮に世界中の時間をぜんぶ同じにしてしまうと、昼の12時に日が沈んだり、午後9時に日の出を迎えたりする地域が出てきます。これでは何かと不都合なので、**太陽が最も高くなる時を昼の12時と定める**ことにしました。つまり、今まさにこの瞬間、地球の裏側にあるブラジルとは12時間の差がありますし、ハワイとは19時間の差があることになります。

このような**時差**があることに初めて気づいたのはマゼラン一行です。一行は、3年間の航海からスペインに帰ってみると、そこは1日進んだ世界でした。**図 1** に示すように、スペインを出て西へ西へ進んだので、日が1日少なくなったのです。

こんなことが起こらないよう、どこかに日付を変えるラインを作ろうということになりました。そこで、大陸のない太平洋の真ん中に**日付変更線**が引かれました。この線を東から西へ越える時には日付を1日進め、逆に西から東へ越える時には日付を1日遅らせま

図 2　国際連合の旗
北極点を中心とした正距方位図です。周囲を平和の木オリーブで囲んでいます。

す。ですから**日本からハワイに行く時は、日付を1日遅らせる**ことになり、同じ日をもう一度過ごすのです。日本は東経135度を日本標準時子午線と定めたので、ロンドンを通る本初子午線との間には135度の差があります。135度を15度で割ると9なので、国際的に基準として使っているグリニッジ標準時（GMT）との間には9時間の時差ができます。

2 マゼランは地球が丸いことを知っていた?

マゼラン一行は、西回りでインドを目指しました。なぜ西に向かったかといえば、東半球はポルトガルの領地とするという取り決めがあったからです。西回りでもインドに行けることを確信していたのですから、**地球が丸いことを知っていた**わけです。

地球が丸いと最初に唱えたのは、紀元前3〜2世紀のギリシャの数学者エラトステネスです。エラトステネスは、夏至《げし》の南中時《なんちゅうじ》に太陽の影がまったく映らないアスワンに対し、同一経線上のアレクサンドリアで影の角度を測定し、地球の大きさを計算しました。実際の4万kmとは多少の誤差はありましたが、地球の大きさをおおまかに調べた功績は大きいといえます。この成果は、緯線と経線の入った科学的なプトレマイオスの世界地図に発展しました。中世になるとキリスト教の権威が強まったため、聖地エルサレムを中心としたTOマップが幅をきかせるようになり、科学的な世界地図は影をひそめます。

16世紀になると、ルネサンスとともに大航海時代となり、**世界航海に使える正確な地図が必要になります。**そこで作られたのが図1に示したメルカトルの地図です。メルカトル図法として現在でも使われるこの世界地図は、等角航路が直線で表されるという特徴が

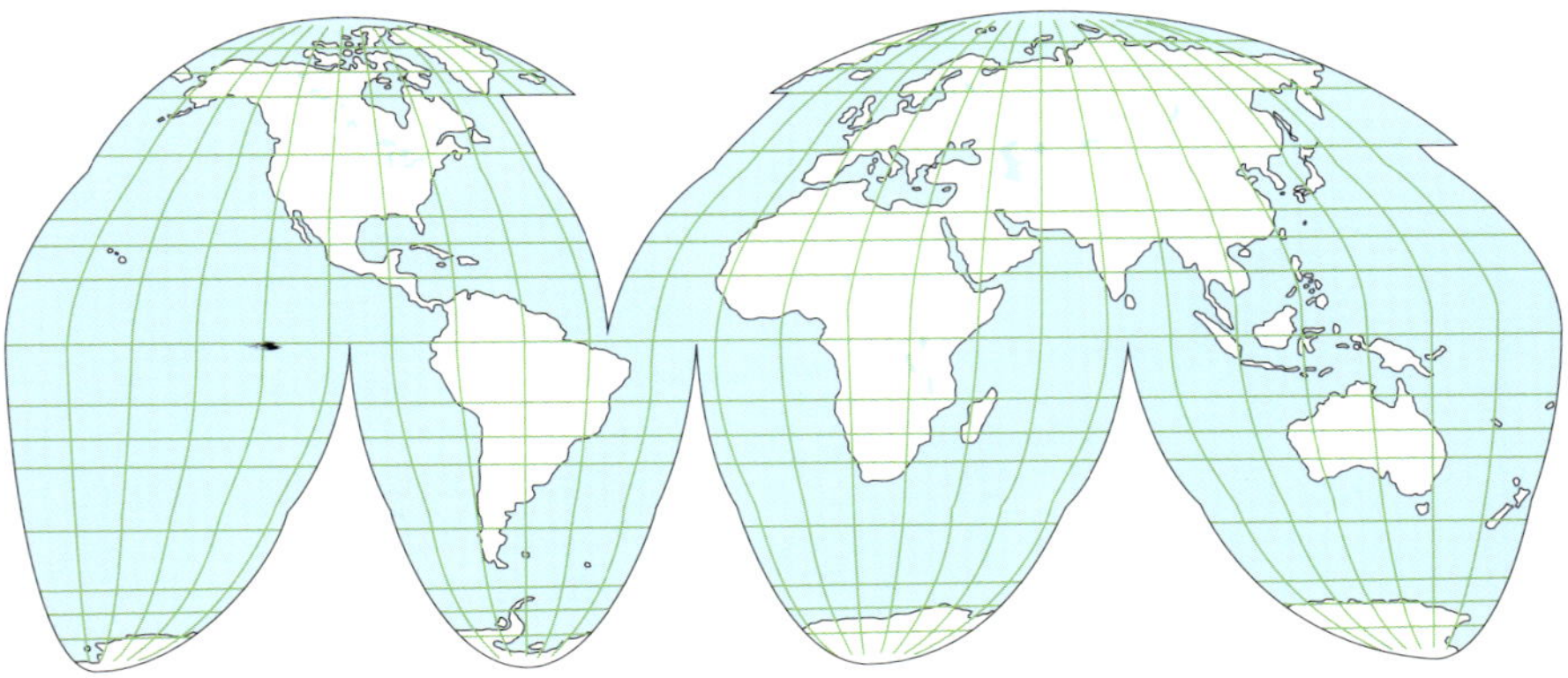

図 3　ホモロサイン図法（グード図法）
海が断裂しているのが特徴の正積図です。

あります。等角航路とは、地図上で測った角度を維持しながら進むコースのことで、方位磁針や北極星を目印にしながら進めば、確実に目的地に着けるという利点があります。ただし2地点間の最短経路である大圏航路は曲線で表されるので、現代の**航空図**には向きません。航空図に適しているのは、**正距方位図法**です。これは、地図の中心と、他の地点を結ぶ直線が、その間の最短距離を示すとともに、正しい方位を示す地図です。**図 2**に示した国連の旗は、北極点を中心にした正距方位図法です。

本当は丸い地球を平面の地図に表すのですから、**角度も面積も距離も方位も、全部が正しい地図というのはありえません**。メルカトル図法の欠点は、北極や南極に近づくほど面積が拡大されることです。**図 1**でグリーンランドはアフリカ大陸と同じくらいの大きさに見えますが、実際にはアフリカの14分の1しかありません。この欠点を修正したのが正積図法の**サンソン図法**や**モルワイデ図法**です。また、その二つを組み合わせて作った**図 3**の**ホモロサイン図法（グード図法）**もよく使われます。これは世界の分布図に向いている一方で、海が途切れているため、航路図や流線図には向いていません。

3 初めての日本地図

日本での最初の全国図は、奈良時代に行基が作ったといわれる**行基《ぎょうき》図**です。京都を中心に、各国の位置関係が示されています。実際に全国を歩いて測量したのは江戸時代の**伊能忠敬《いのうただたか》**です。**大日本沿海輿《よ》地《ち》全図**という日本地図を作りました。日本の海岸線をくまなく歩き、精度の高い地図を作った仕事に、地理を志す私は感服しきりです。

写真 2　スウェーデンとフィンランドを結ぶフェリー。船は出航し、僕たちは島に取り残されてしまいました。

地理の学びには出歩くのがいちばんです。外での経験が、机での勉強と結びついて学びが深まります。ところが、**出歩くのには失敗がつきもの**です。私がスウェーデンで留学中に、仲間のI君とフィンランドの島までフェリーで遊びに行った時のことです。島に着くと、他の乗客はいったん下りて、すぐまた折り返し便に乗っていきました。私とI君は、2時間も余裕があるのになんで観光もしないのだろうと疑問に思いながら島を歩いていました。するとフェリーは、1時間で出航してしまい、僕たちは取り残されてしまったのです（**写真 2**）。スウェーデンとフィンランドの間には1時間の時差があったのですね。乗客の目的は、島の観光ではなく、北欧の高い消費税がかからない国際航路の船内で、お酒や化粧品を買い物することだったのです。この一件は、時差だけでなく、北欧の税制や暮らしを考えるきっかけになりました。地理を学ぶ人は、旅先での失敗も学びの肥やしとできたらいいですね。

タイムスリップできる!?

ハワイとの時差は 19 時間で、ほぼ1日違う

↓

日付変更線を東に越えると1日前に行ける

↓

丸い地球を平面にした地図は不正確な点がある

↓

目的に合った地図を選んで外に出かけよう

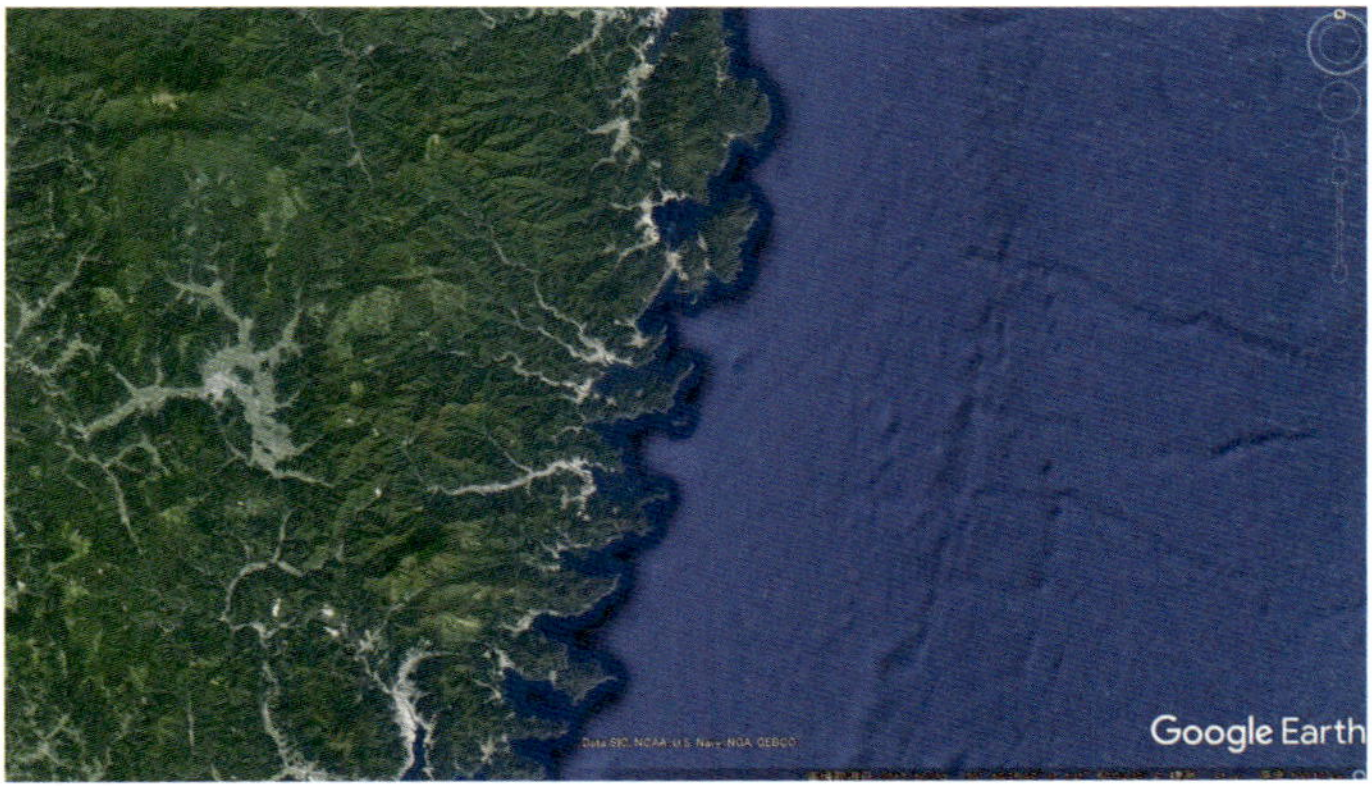

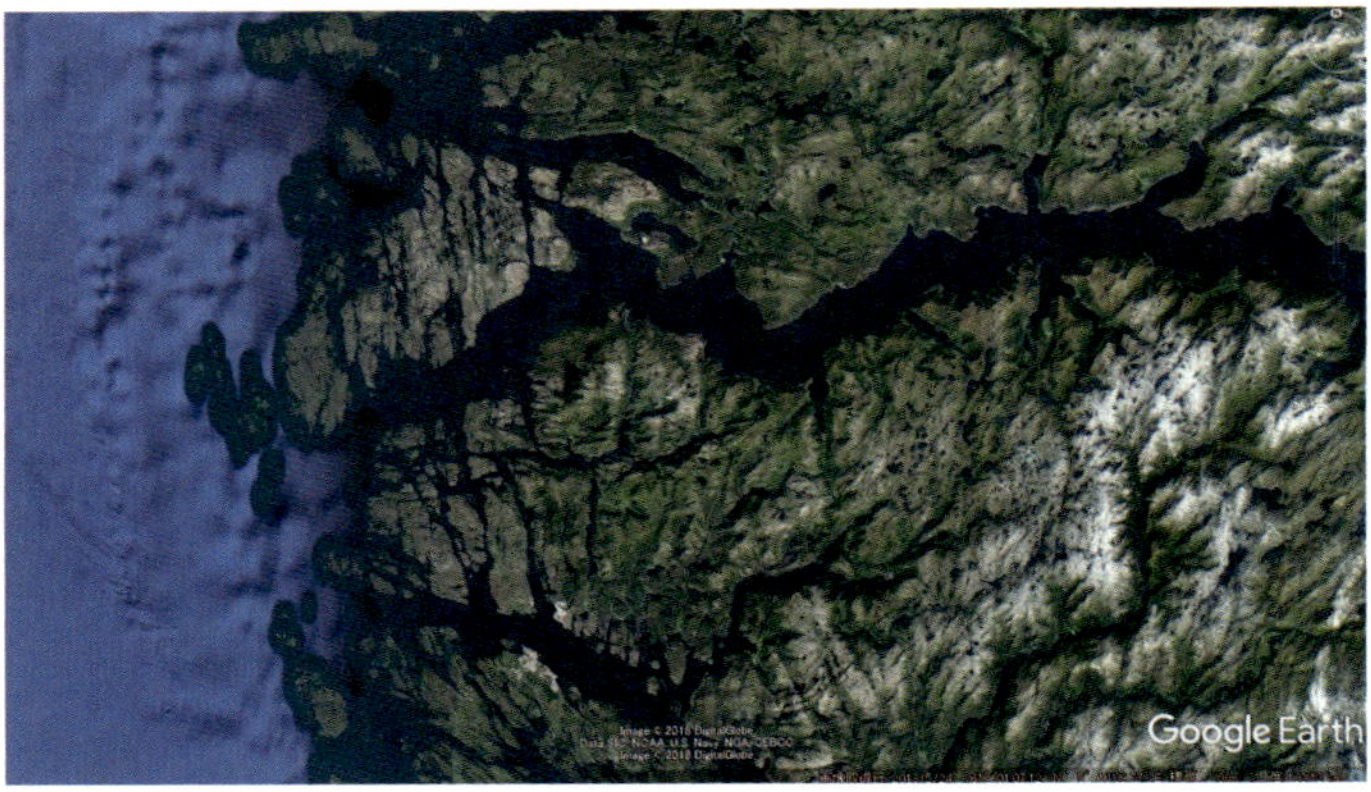

図 1　Google Earth の画像
高度 100km からリアス海岸（上、三陸地方）とフィヨルド（下、ノルウェー）を比べると、フィヨルドの方がかなり大規模な地形だとわかります。©Google

6

GIS入門

Google Earth で地理旅行！

やさしい GIS

GIS って何？　なんかむずかしそう。こんな言葉をよく耳にします。でも、なじみがないからといって使わないのはもったいない。Google Earth をはじめとした GIS は、地理の学びだけでなく、ビジネスにも役立つのです。

図 2　Google Earth で過去の氷河の分布を現在の衛星画像に重ねた例（キリマンジャロ山）
地球温暖化で氷河が縮小しているようすがわかります。©Google

1 GISとは何か

カーナビの声は神の声です。自分がどこにいても、行くべき道を示してくれます。自動車だけではありません。手に持ったスマホにも、今やナビゲーション機能がついています。こんな技術が開発されるとは、一昔前は想像もできませんでした。爆発的に普及するのも、うなずけます。

このような優れた技術は、**リモートセンシング**や**GPS**といった地理に関わる技術の進展でもたらされました。リモートセンシングは**遠隔探査**といい、人工衛星から地球のようすを監視する技術です。世界の気象や土地利用などを把握する従来の使われ方だけでなく、環境破壊の監視、さらに穀物の生育状況を予測して**企業活動や投資に生かすことにも使われています**。またGPSは**全地球測位システム**といい、人工衛星の電波を受信して、地球上どこにいても正確に位置を知ることができるしくみです。高精度のものは数cm単位で測量が可能で、ナビゲーションや測量のほか、地震や火山噴火の予知など防災面でも活用が進んでいます。

リモートセンシングやGPSで得たデータを実際に活用しようとするとき、そのデータを地図に加工して表すのがふつうです。この一連の流れ、つまり空間情報を集め、分析し、それを地図上に表現するしくみが**地理情報システム**（**GIS**）です。

近年では、GISを高校の地理で学

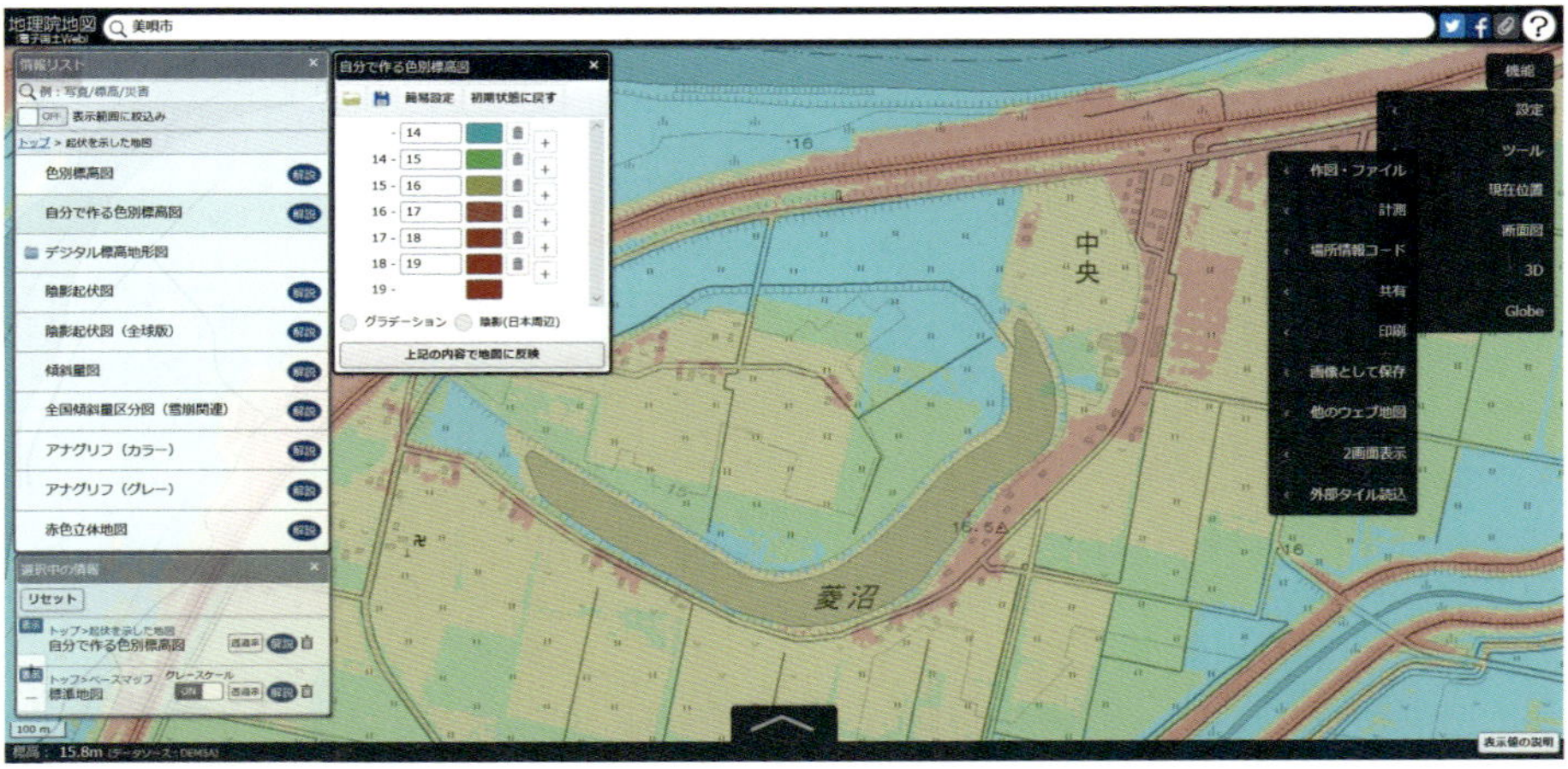

図 3　地理院地図で標高を１ｍごとに色分けして作った例（北海道美唄市）
「菱沼」に沿って点々とある家屋が、わずかに高くなっているところと重なっていることがわかります。このことから、ここには自然堤防があり、この集落は浸水を避けるために自然堤防上にできたものと推測できます。©国土地理院

ぶことになっています。しかし、実際には言葉を覚えるくらいで、コンピューターソフトウェアを扱ったり、高度な空間解析をしたりといった、GISの本領に触れるケースは少ないのではないでしょうか。確かにGISの専門的な使い方まで、全員が習熟する必要はありません。しかしGISは、**地理の学びを確認するには、とても有効なツール**なのです。そこで、地理で学んだことをGISソフトで確認する方法として Google Earth を紹介します。またGISで何ができるかを知る方法として地理院地図を紹介します。

2 Google Earthで地理の学びを確認しよう

Google Earth は、誰でも自由に使えるソフトです。地球のあらゆるところを見られるだけでなく、断面図を描いたり距離を測ったりと、実は多くの機能があります。しかしここでは、次の三つのステップをマスターすればOKです。まずはパソコンのほか、手元のスマートフォンやタブレットにもダウンロードしてみましょう。

ステップ1は**検索機能**です。「検索」の窓に地名を入れると、世界中のどこにでも瞬時に飛んでいって地表のようすを見ることができます。P.52で出てきた「九十九里浜」や、P.60で出てきた「モニュメントバレー」を検索してみましょう。地形を見る際は、地図を傾けると立体的に見えます。地図を傾

図 4　地理院地図で作った図形を Google Earth に重ねた例（岡山県倉敷市）
2018 年 7 月豪雨で浸水した範囲を Google Earth 上で見ることができます。
©Google

けるには、パソコンではShiftキーを押しながらマウスのスクロールホイールを回転させます。スマホやタブレットでは二本の指をそろえて同時に画面に触れ、指先を下方向へ動かします。

ステップ2は**ストリートビューの機能**です。メニュー画面にある人形のマークを道路上にドラッグすると、地上から撮影した画像に切り替わります。P.104で出てきたパリのシャンゼリゼ通りでは、道行く人やテラス席でおしゃべりする姿から、民族の多様性を感じられます。

ステップ3は、**過去の画像を出して現在との変化を見る機能**です。これはパソコン版だけの機能です。メニュー画面にある時計のマークをクリックすると、時間スライダが出てくるので、取得したい時期の画像を選べます。例えばキリマンジャロ山の1976年の画像を見ますと、山頂に広がる氷河が現在よりもずっと大きいことがわかります。これを現在の氷河と比較する際、**図2**のように「ポリゴン」を作成するとよいでしょう。1976年の画像の上で多角形を作った後、時間スライダで画像を新しい年のものに変更すれば、重ね合わせることができます。

3 地理院地図はビジネスのツールにもなる

地理院地図は、国土地理院のホームページで公開しているもので、ソフトのダウンロードも必要なく使えます。

道路や鉄道が開通したその日にリアルタイムで更新され、常に最新の地図になっているのは地理院地図ならではの優れた点です。地図を見るだけでなく、主題図を重ね合わせたり、地図上に作図して保存したりといった機能もあります。ここでは、二つのステップをマスターしましょう。

ステップ1は**主題図の表示機能**です。画面の左上に「情報」メニューがあり、空中写真や起伏を示した地図などが選べます。空中写真は年代ごとに複数あり、見たい地図の上に重ね合わせて透過することで、地域の変化を調べることができます。また起伏を示した地図の中の「自分で作る色別標高図」では、標高を自分で指定できます。自然堤防はふつう高さ10m以下の規模ですので地形図では等高線が現れませんが、**図3**のように1mごとに指定すれば、自然堤防上に集落が立地していることが一目瞭然です。

ステップ2は**作図機能**です。画面の右上の「機能」メニューから「作図」を選ぶと、地点のほか、線や多角形、さらに文字を地図上に描けます。それを保存し、Google Earth で開くと、先ほど作った図形がその位置のまま出てきます。**図4**のように浸水範囲を Google Earth の画面上に重ねることができるので、方向や傾きを変えて見ることができます。ハザードマップを重ねれば、身近な地域の災害を知ることができ、防災にも役立ちます。

さらに応用編として、国土地理院が公開している地図の数値情報を QGIS や MANDARA といったフリーソフトで読み込むと、地域のコンビニエンスストアの位置を地図上に示したり、地価の情報を図示したりできます。出店のマーケティングや開発計画を、感覚ではなくデータで判断できるのです。

このように、**GISは地図や防災の学びだけでなくビジネスにも活用できる**ので、今後ますます必要性が増していくでしょう。Google Earth と地理院地図を入り口にして今GISに慣れておけば、きっとあなたの武器になるはずです。

Google Earth で地理旅行!?

Google Earth	地理院地図
場所を検索し、 ストリートビューで眺め、 過去からの変化を知る	主題図を表示し、 重ね合わせ、 他の GIS ソフトと 連携して使う

↓

GIS は地理の学びと、ビジネスの武器になる！

地球の風景ギャラリー

ケスタの崖に滝がかかる（ナイアガラ滝）

硬い岩石は残丘になる（オーストラリアのウルル）

サンゴ礁の島は低平で水没に直面する（太平洋）

白い地層は石灰岩で、かつて海底だった証拠となる（ヒマラヤ山脈）

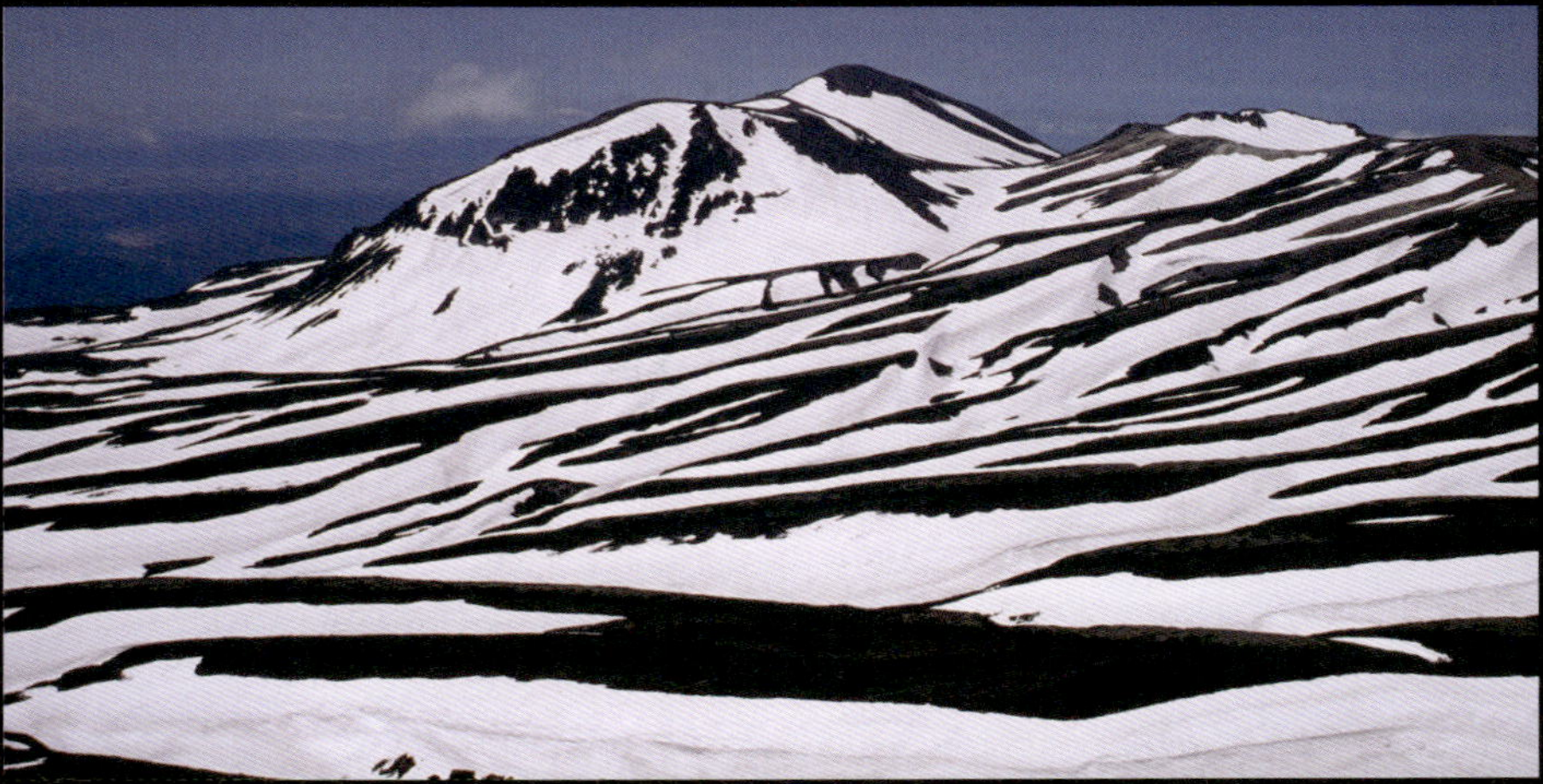
若い火山は谷が浅く、残雪の縞模様ができる（北海道の大雪山）

大小の U 字谷の合流で扇状地ができる（スイス）

砂州の上の市街地は夜景が際立つ（函館）

大震災を起こした断層が保存されている（淡路島）

森林限界を超えた山地帯は荒れ地や氷河の世界になる（タンザニアのキリマンジャロ山）

サバナの草原に野生動物が群れる（ケニア）

地中海性気候では樹木作物が栽培される（モロッコ）

熱帯のジャングルに積乱雲が湧く（カリマンタン島）

『地理が解き明かす地球の風景』参考文献

■参考にした主な図書・事典

・山本正三ほか編（１９７３年）：『世界の自然環境』大明堂
・吉野正敏（１９７８年）：『気候学』大明堂
・山中二男（１９７９年）：『日本の森林植生』築地書館
・町田貞ほか編（１９８１年）：『地形学事典』二宮書店
・町田貞（１９８４年）：『地形学』大明堂
・福田正己・小疇尚・野上道男編（１９８４年）：『寒冷地域の自然環境』北海道大学図書刊行会
・星川清親（１９８７年）：『改訂増補　栽培植物の起原と伝播』二宮書店
・目崎茂和（１９８８年）：『南島の地形―沖縄の風景を読む―』沖縄出版
・日本地誌研究所編（１９８９年）：『地理学辞典 改訂版』二宮書店
・日本林業技術協会編（１９９０年）：『土の100不思議』東京書籍
・力武常次（１９９２年）：『簡明 地球科学ハンドブック』聖文社
・山下昇編（１９９５年）：『フォッサマグナ』東海大学出版会
・池田宏（２００１年）：『地形を見る目』古今書院
・日下哉編（２００７年）：『図解 日本地形用語事典 増訂版』東洋書店
・国立天文台編（２００８年）：『理科年表　平成21年』丸善
・岩田修二（２０１１年）：『氷河地形学』東京大学出版会
・二宮書店編集部編（２０１７年）：『データブック オブ・ザ・ワールド２０１７年版』二宮書店

そのほか、地域のパンフレット、自治体や公的機関のＨＰ等も参考にしました。

■おすすめ図書　本書で扱った内容をもっと学びたい方へ

・**深尾良夫（１９８５年）：『地震・プレート・陸と海』（岩波ジュニア新書92）岩波書店**
大地の動く現象を、専門用語を使わずに親しみやすい言葉で語りかけてくれます。

・**小泉武栄・清水長正編（１９９２年）：『山の自然学入門』古今書院**
続編の『百名山の自然学』を含め、自然を詳しく観察する着眼点を養えます。

・**小野有五（１９９９年）：『ヒマラヤで考えたこと』（岩波ジュニア新書313）岩波書店**
フィールドワークのイロハから環境科学の本質まで、著者の思いに寄り添いながら親しめます。

・**小泉武栄（２０１３年）：『観光地の自然学―ジオパークでまなぶ―』古今書院**
写真と地図を多用し、自然景観にひそむナゾを地形や植生の観点から探究できます。

・**水野一晴（２０１５年）：『自然のしくみがわかる地理学入門』ベレ出版**
世界の地形・気候・植生を、興味を引くテーマと多くの図・写真でわかりやすく学べます。

・**松本穂高（２０１７年）：『歩いてわかった地球のなぜ!?』山川出版社**
地球のふしぎな風景や絶景のなぞを、カラー写真で楽しみながら地理の目で教えてくれます。

・**富田啓介（２０１７年）：『はじめて地理学』ベレ出版**
素朴なギモンを解くストーリーやＱ＆Ａコラムで、地理学の有用さやおもしろさに気づけます。

【おわりに】

自分だけの「なぜ」を見つけよう！

さいごまで読み進めたあなたは、**地理は得する学問だ**ということを実感できたと思います。教養だけではなく、実学としても大切だということを学んでいただきました。それだけで、この本の目的は達成できます。

でも、地理に興味を持ったあなたには、ぜひ実際の風景を目の前にして、その成り立ちを考えてみてほしいと願います。

私がこの本をまとめようと思い立ったのは、**この風景がどうやってできたか説明したい！**という私自身の思いからです。教員仲間とフィールドワークに行ったときや、山岳部の生徒と山に行ったとき、また家族と外出したときに、風景のなぞをきちんと説明できず、はがゆい思いをするからです。

例えば「この海岸はなんでテトラポットに埋め尽くされているの？」というギモンに対して、海岸の砂が運び去られるのを食い止めるためと答えます。「じゃあなんで昔は大丈夫だったのに今は運び去られるの？」　それは…。**誰でも納得できるように、きちんと説明したい**と思う瞬間です。

こんな思いを持つのは、自分だけではないはずです。ならば、人に聞かれたときにわかりやすく説明できるよう、テキストを作ってみよう。せっかくなら誰にとってもやさしくなるよう、写真と図を多く使おう。それが本書をまとめる動機になりました。まとめるにあたっては、ベレ出版の森岳人さんの熱い思いも励みになりました。

最後まで読んだあなたは、**風景の謎を解いていく知識とノウハウ**を手に入れました。人に聞かれたら、ストーリーとして話すことができます。いや、あなたの方から話したくなるはずです。あとは実際に外に出て、風景に触れてみるだけです。

さあ、あなただけの**「なぜ」をさぐるストーリー**を作りに出かけましょう！

2019年4月

松本穂高

索引

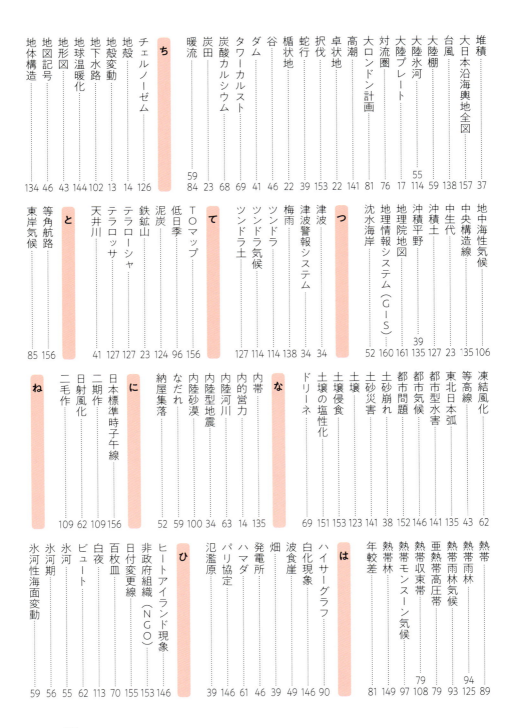

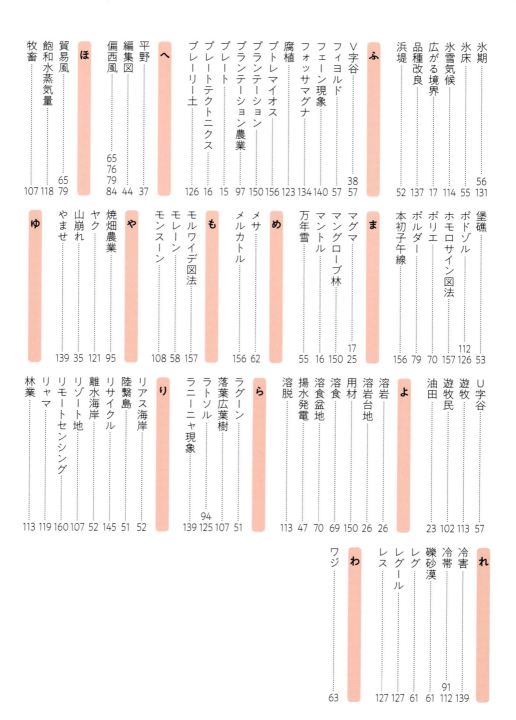

著者紹介

松本 穂高（まつもと・ほたか）

茨城県立土浦第一高等学校教諭
1973年生まれ。茨城県つくば市出身。信州大学教育学部、北海道大学大学院地球環境科学研究科で自然地理学を学ぶ。博士（環境科学）。森林インストラクター。
職歴に、北海学園大学、茨城大学非常勤講師。著書に、『百名山の自然学 東日本編』（分担執筆、2002年、古今書院）、『世界を歩いて謎を解く 自然地理のなぜ！? 48』（2016年、二宮書店）、『世界地名大事典 アジア・オセアニア・極』（分担執筆、2017年、朝倉書店）、『歩いてわかった 地球のなぜ！?』（2017年、山川出版社）など。地理普及の功績により、2018年度日本地理学会賞受賞。
国内外でフィールドワークを行い、その成果を日々の授業に生かしている。

◉――DTP・カバーデザイン　川原田 良一（ロビンソン・ファクトリー）
◉――校閲　有限会社蒼史社

地理《ちり》が解《と》き明《あ》かす地球《ちきゅう》の風景《ふうけい》

2019年 5月25日　初版発行

著者	松本《まつもと》 穂高《ほたか》
発行者	内田 真介
発行・発売	ベレ出版 〒162-0832　東京都新宿区岩戸町12　レベッカビル TEL.03-5225-4790 Fax.03-5225-4795 ホームページ　http://www.beret.co.jp
印刷	三松堂株式会社
製本	根本製本株式会社

ISBN978-4-86064-581-6 C0025　編集担当　森 岳人